Abenteuer Südamerika

Chile · Argentinien mit Feuerland · Patagonien

Kleine Ansiedlung bei Bariloche. Paul Theroux schrieb über dieses Land: «In Patagonien muß man zwischen dem Winzigen und dem Weiten wählen.»

Abenteuer Südamerika

Chile · Argentinien mit Feuerland · Patagonien

Fotos Guido Cozzi und Hubert Stadler
Text Susanne Asal

SCONTO

INHALT

Fiesta in Cochamó.

Grandioser Panoramablick auf den Torres del Paine-Nationalpark, den viele als Chiles schönstes Schutzgebiet bezeichnen.

CHILE

Fotografie Guido Cozzi
Text Susanne Asal

Eine der sehenswertesten Kultstätten der Osterinsel ist der Palmenstrand von Anakena mit seinen *moai*-Skulpturen.

WO DIE WELT ZU ENDE IST

Die chilenischen Cowboys, *huasos* genannt, gelten als stark, stolz und aufrecht. Mit ihren bunt gemusterten Ponchos und den breitkrempigen Hüten bilden die exzellenten Reiter und ihre stämmigen Pferde ein unzertrennliches Paar.

Grüne und rote Seeanemonen drängen sich auf weiten sandigen Wiesen, zwischen denen die durchscheinenden Quallen hängen, die sich noch nicht losgerissen haben, um ihre Irrfahrt durch die Meere anzutreten. Harte weiße Korallen bilden ein Dickicht ekstatischer Büsche, durch die dunkle, samtene Fische sich schlängeln, die sich weich öffnen und schließen wie Blumen. Ich sehe Seepferdchen, das heißt winzige Rösser des Meeres, deren Mähnen aus Algen sich langsam ausbreiten, während sie in der Stille galoppieren. Und nur ich weiß, daß unter manch grauer Seemuschelschale von unscheinbarem Aussehen eine weinende kleine Meerjungfrau zum Vorschein käme, wenn man sie aufheben könnte.» So voller Wunder beschreibt die chilenische Dichterin María Louisa Bombal in ihrer poetischen Erzählung «Das Geheimnis» die Meeresgestade als Teil der Natur ihres Heimatlandes. Und in der Tat weist die Natur Chiles viele Mirakel auf.

WUNDERSAME NATUR

Von den menschenleeren Wüsten im Norden, wo Salzkristalle wie harte Blütenblätter den hellroten Boden krustenhaft überdecken, wo die Sonne die Erde zu Kuppeln, Tannen, Marienfiguren und Soldatensilhouetten zusammenbackt, bis in den menschenleeren tiefen Süden, wo die blauschillernden Mauern der Gletscher wie gefällte Riesen in dunkelgraue Meeresgewässer stürzen, ist Chile einzig Natur.

Kein Schriftsteller des Landes, der sich diesem Zauber entziehen könnte, keiner, der nicht die Natur befragen würde, ihm zu Bildern und Metaphern für das Leben zu verhelfen. Keiner, der nicht davon spricht, sei es Pablo Neruda, sei es Luis Sepúlveda, seien es die Märchenerzähler der Isla Chiloé.

Oder eben jene María Louisa Bombal, deren träumerische Frauenfiguren unter Walnußbäumen auf den Geliebten warten, die in Weihern unter Weiden baden und sich mit Riesenmuscheln schmücken, die weiße Käuze betrachten, Kletterpflanzen ähneln und den Duft von Kamelien und Geißblatt verströmen – die reine, wunderbare Natur verkörpernd, üppig weiterblühend, bestehend und wartend.

Selbst die schnöde Wirklichkeit, in einem europäischen Flughafen eine Maschine besteigen und mindestens 13 Stunden über einen Ozean und einen Subkontinent fliegen zu müssen, um nach Chile zu gelangen, wird verschönt durch die Aussicht, kurz vor der Landung etwas Besonderes zu sehen: die höchste Erhebung der Anden und Amerikas, den Berg, den die Indianer Wächter nennen, Aconcagua, majestätische 6958 Meter hoch, der aus einem Massiv von weiteren schneebedeckten Gipfeln herausragt. Gleich dahinter beginnt die blaue Weite des Pazifiks. Und mittendrin, zwischen Meer und Andenkette, liegt Chile. Durch

Die Atacama-Wüste in Nordchile gehört zu den trockensten Landstrichen der Erde. Nur in der Nähe der Zentralkordillere, hier bei El Tatio, kommt es in Höhen über 3500 Metern vereinzelt zu Niederschlägen, die eine bescheidene Vegetation ermöglichen.

Von Chiles nördlichster Stadt Arica gibt es wichtige Verbindungen nach Bolivien und Peru. Außerdem ist die Taloase inmitten der Wüste ein beliebtes Ferienziel, da ihre kilometerlangen Strände rund ums Jahr angenehme Wassertemperaturen aufweisen.

Schluchten hindurch, an Bergen vorbei gleitet die Maschine, und der unberechenbare Wind spielt mit ihr, läßt sie in die Höhe schnellen und wieder herunterschwingen wie in einem unsichtbaren Trapez.

Früher kämpften sich Schiffe wie Nußschalen durch Wellenberge, an Lava-Inseln vorbei, an die die Brandung mit Urgewalt schlug und ein Ankern unmöglich machte. Und wenn dann kurz die Sonne schien, teilten sich die Schnüre aus Nebelregen wie ein Theatervorhang und gaben den Blick frei auf moosbewachsene Hügel, Kraterseen und flache Landzungen, auf denen sich Robben und See-Elefanten rekelten und Pinguine ins Wasser glitten. Dann war man angekommen.

Eine beliebte Tour von Arica über Putre Richtung Lauca-Nationalpark führt mitten hinein in den chilenischen Nordosten. Nur vereinzelte Kakteen lockern die Wüstenszenerie des *altiplano* auf.

UNBERÜHRT UND UNBEWOHNT

Chile hob sich als Schaumgeborene aus dem Meer, besagt eine Schöpfungslegende, und eine zweite, daß Gott nach vollbrachter Schöpfung alle übriggebliebenen Reste der fünf Kontinente zu einem neuen Land – Chile – zusammenstellte. Dieses Land, «wo die Welt zu Ende ist», wie die Indianer im Norden sagen, nennen die Chilenen selbst «el último rincón del mundo», letzten Winkel der Welt. So dürfte es kaum jemand wundern, daß auch die Islas Juan Fernández zu Chile gehören, die Inseln, die Daniel Defoe als Aufenthalt für seinen in völliger Einsamkeit ausgesetzten Alexander Selkirk, alias Robinson Crusoe, bestimmte. Und die Osterinsel, die isolierteste Insel der Welt, die noch einmal 3790 Kilometer von Chile entfernt im Meer liegt und bis heute Rätsel aufgibt.

Als besonders malerisch erweist sich das Indio-Dorf Parinacota im Lauca-Nationalpark. Die Kirche aus den Lehmziegeln *adobe* stammt aus dem 17. Jahrhundert.

In Chile dauert die Zähmung der Natur an: so viel Land, so viele Landschaften. Die spärliche Besiedlung suggeriert, daß es Land im Überfluß gibt, um dessen Zustand und Erhalt man sich nicht zu sorgen braucht. Die Natur erscheint gleichsam als Vexierbild: Sie ist schön, aber sie bedroht auch, den Lebensraum beispielsweise. Wie soll man diese Natur beherrschen, die ganz einzigartig zusammengemischt ist? Dieses Land, das hinter jedem Faltenkniff ein völlig neues Bild, eine neue Beschaffenheit der Natur zeigt?

Chiles Schönheit beruht auf seiner Unberührtheit wie auf seiner Unbewohnbarkeit. In den vegetationsarmen Wüsten im Norden kann man sich nicht niederlassen, auf den zerklüfteten, nassen Inseln des Südens auch nicht. Die Statistik verzeichnet 0,7 Einwohner pro Quadratkilometer für die Region um Aisén und 1,1 Einwohner für Atacama. Die Urwälder muß(te) man freiräumen, die Wüsten zum Blühen bringen.

Und so breitete sich mitnichten ein Netz untereinander verbundener Ortschaften und Siedlungen über das langgezogene Land aus, nur punktuell entwickelten sich städtische Zentren. Prinzipiell hat sich an dieser Struktur nur wenig geändert. Das Zentrum um die Hauptstadt besitzt die größte Besiedlungsdichte, nach Norden und Süden hin verlieren sich die Orte im Land.

DER NORDEN: ARCHAISCHE OASEN IN DER WÜSTE

Die Einsamkeit vieler Landstriche Chiles mag der zeitgenössischen, streßgewohnten mitteleuropäischen Seele schmeicheln, für deren Bewohner hingegen bedeutete und bedeutet sie häufig Überlebenskampf.

Wer über gute Kondition und genügend Mut verfügt, kann mit dem Mountainbike den chilenischen *altiplano* durchqueren – Einsamkeit über weite Strecken ist gewiß.

Dem Klima der Anden trotzt eine ganze Reihe von Tieren. So finden die scheue Andengans (oben) und das Riesenbläßhuhn (unten) hier ihr Auskommen; den extremen Bedingungen am besten angepaßt haben sich aber wohl die zur Familie der Kamele gehörenden *vicuñas* (Mitte).

Die kupferhaltigen Wüsten im Norden, die riesigen Eisfelder im Süden – für den reisenden Gast sind das die Kupfermine Chuquicamata und das Campo Hielo del Sur, Chiles Kupfer-Reichtum und seine magisch-schönen Gletscher. Vom Bewohner hingegen forderte diese Natur über Jahrhunderte hinweg Duldsamkeit in menschenfeindlicher Umgebung.

Und so bemerkte Dr. Aquinas Ried noch 1861 aus dem chilenischen Valdivia im Süden des Landes: «Hier ist das Land nicht, in dem Milch und Honig fließen...» Er schrieb dies als Rapport für auswanderungswillige Deutsche, damit sie im Bild seien über die Bedingungen, die in der neuen Wunschheimat herrschten.

Chile war in präkolumbischen Zeiten eigentlich kaum besiedelt. Der Norden erreichte als erste Region Chiles eine kulturelle Blüte, die ab dem 3. Jahrhundert von der bolivianisch/peruanischen Tiwanaku-Kultur des Titicaca-Sees beeinflußt wurde. Die Scharrbilder bei Arica und Iquique, die aus der Zeit 1000 bis 1400 n.Chr. stammen, lassen sich als Schamanenbilder lesen, weisen aber auch auf einen regen Handelsverkehr mit den Bewohnern der Hochebene (*altiplano*) hin. Lama-Karawanen streifen über glatte, sandene Bergrücken, die den frühen Künstlern als Leinwand dienten.

In den flußlosen *quebradas*, den tiefen Schluchten, die das Wüstenplateau zwischen Arica und Iquique durchschneiden, sammelt sich das Schmelzwasser der Anden, bündelt sich gutes Wetter: Die Sonne bescheint den Grund unaufhörlich, und Wasser und Verdunstungsfeuchtigkeit verwandeln ihn in einen winzigen tropischen Garten, in dem heute sogar Ananas gedeihen. Doch auf so engem Raum konnte die Landwirtschaft nicht zur Lebensgrundlage für viele werden.

Die wenigen agrarischen Zentren kann man heute noch besuchen. Verwundert möchte man sich die Lider reiben auf der Fahrt von Calama nach San Pedro de Atacama. Die Augen füllt der erzgestreifte Vulkan Licancabur mit seinen über 5900 schneegekrönten Metern. Die Straße verläuft zwischen ocker-, sand- und orangefarbenen Hügeln, Wellen und Buckeln. Und plötzlich bebändert sich die Landschaft in den Farbtönen sonnengebleichter Trockenblumen mit grüner Farbe: Oase in Sicht.

Sie ist nicht die einzige. Toconce, Aiquina, Caspana und Chiu Chiu reihen sich entlang einer alten Handelsroute. Das Leben wohnte und wohnt hinter den weißgekalkten Lehmhäuschen aus Kaktusholz, Stroh und dem weichen vulkanischen Liparitstein, trotz ihrer staubversunkenen archaischen Ästhetik. Von Binsen gesäumte Flüßchen stellten die Versorgung sicher. Das zeigt sich beim Spaziergang zu den Obstpflanzungen am idyllischen Río Jere in Toconao, dem letzten kleinen Dörfchen dicht vor der trockensten Wüste der Welt, der Atacama.

Weit über 4000 Meter hoch liegt der Lauca-Nationalpark mit dem Lago Chungará. Weitere 2000 Meter höher glänzt der Gipfel des Vulkans Parinacota, der den Indios der Umgebung heilig ist.

In der Hochsteppe des Lauca-Nationalparks grasen *vicuñas* vor der Kulisse des 6330 Meter hohen Parinacota-Vulkans (rechts).

Über 100 Geysire gurgeln, zischen und versprühen ihr heißes Wasser in El Tatio. Sie geben eine eindrucksvolle Vorstellung von den ungeheuren unterirdischen Kräften, die hier am Werk sind.

Am Zusammenfluß des Río Loa und des Río Salado gelegen, war Chiu Chiu beispielsweise eine wichtige Handelsstation am Inkapfad, und bei Ausgrabungen stieß man sogar auf brasilianische Federn und versteinerte Muscheln. Seine zweite Blütezeit erlebte es gleichzeitig mit Cobija an der Küste, das damals, 1830, wichtigster Ausfuhrhafen war. Über Chiu Chiu verliefen die Vieh- und Warentransporte, und zeitweilig hatte es über 10 000 Einwohner (heute hat es 322). Cobija hat gar keine mehr. Von Taddäus Haenke, der schon im 18. Jahrhundert die Bedeutung des Salpeters entdeckte, welches im 19. Jahrhundert wichtigstes Exportgut werden sollte, stammt eine Skizze, die Cobija als Hafenstadt zeigt. Wer es heute besucht, trifft auf zwei, drei Fischerhütten und einige Mauerreste, von denen kein Mensch weiß, aus welcher Zeit sie stammen.

Nicht die geringste Spur von organischem Leben findet sich im berühmten Valle de la Luna (Mondtal). Nur Salzkristalle glänzen vom Talboden herauf.

Die kleine Kirche von Chiu Chiu mit zwei gestuften Glockentürmen gilt als eine der schönsten der Region, ein Musterbeispiel aus Adobe-Mauerwerk und einem Dach aus Kaktusholz. Sie stammt aus dem Jahr 1675. Auch Aiquina, San Pedro de Atacama und Caspana haben solche Kirchen, richtige bäuerliche Schönheiten.

Fast ausschließlich Karotten bauen die Bewohner des engen Loa-Tals an, das zur vor-inkaischen Festung Pukará de Lasana führt. Das tiefe Grün und die lehmfarbenen Bauernhäuser kontrastieren mit den wüstenhaften, glatten Flanken der steil aufragenden Berge, die das Tal einrahmen. In der Ferne bilden mehrere Fünftausender die Schranke zu Bolivien.

Die imponierende indianische Festungsanlage aus dem 12. Jahrhundert thront auf den höchstgelegenen Terrassen über dem tiefeingeschnittenen Fluß. Über-

Riesige *salares* (Salzseen) überziehen das Plateau der Atacama. In der Nähe der Kordillere (hier nahe der bolivianischen Grenze) füllen sie sich nach der Regenzeit teilweise mit Wasser, das in der Trockenzeit verdunstet, um kristallisiertes Salz zurückzulassen.

einandergestapelt liegen Zimmer und Häuser, von denen die Mauern erhalten sind. Die Dächer wurden damals aus dem Holz des Johannisbrotbaums hergestellt und verfielen im Lauf der Jahre. Die gesamte Anlage war durch zwei dicke Wallmauern geschützt.

Die erstaunlichste Entwicklung der weißen Oasen-Örtchen auf rotem Erdstaub, umrahmt von Gras und von Kanälen durchzogen, hat zweifelsfrei San Pedro de Atacama durchgemacht. Die internationale Globetrotter-Gemeinde, mit ihrer Reisebibel South American Handbook im Rucksack, hat seit Ende der Pinochet-Diktatur 1989 Chile auf ihrer persönlichen Favoriten-Landkarte neu entdeckt. (Zu Pinochets Zeiten war es politisch höchst inkorrekt, Chile zu besuchen.) Heute gehört San Pedro de Atacama zu den absoluten Lieblingszielen. Es ist hippie-like und – voll.

Die vom Humboldtstrom gekühlten Küsten des warmen Nordens hingegen dominiert Einsamkeit. Eine Schotterstraße führt an den vielgestaltigen schwarzen Klippen vorbei, dahinter staffelt sich die Küstenkordillere bis zu 2000 Meter in die Höhe. Rasante Felsabbrüche stürzen in den Pazifik. Die Brandung donnert und stürmt gegen das schroffe, harte Land, und es gibt wenig Platz für die Wellen, ruhig ans Ufer zu rollen. Vereinzelt leben Fischer in ärmlichsten Behausungen aus Wellblech, Plastikplanen und Schwemmholz. Sie schlagen die gefangenen Tintenfische auf die Klippen, damit sich deren Muskelstarre löse, die die Chance auf den Verkauf stark mindern würde.

In krasser Spannung zu der Unbewohntheit der Ufer sind jede Bucht, jede Landspitze, jede Landzunge, jeder Fjord und jedes Kap mit einem Namen belegt. Wovon

Die Atacama ist lebensfeindlich und unerbittlich. Wer hier unterwegs ist, benötigt eine zuverlässige Ausrüstung und gute Orientierungsfähigkeit, will er nicht in der Weite der Einöde verlorengehen.

Für Besucher mag das Leben der Aymara-Indianer, hier im Andendorf Caspana, malerisch wirken, für die Indios selbst bedeutet es meist harte Arbeit.

man Besitz ergreift, das versieht man auch mit einem Namen, damit es kein anderer stehlen kann, so lautet wohl das ungeschriebene Gesetz. Denn diese Hundertschaften von *caletas*, *bahias*, *puntas*, wem sollten sie als Orientierung dienen? Demselben Phänomen werden wir auch im tiefen Süden begegnen.

Verbindungen in die spärlich gestreuten Städte des Landesinneren, obschon nur 60 Kilometer entfernt, gibt es nicht. Es wurden nie welche gebraucht. Früher lebten die Menschen hier vom Einsammeln von Vogeldung, *guano*, der später auf europäischen Märkten Absatz als Düngemittel fand. Als die Nachfrage stagnierte, zogen die Menschen fort, einer neuen Chance hinterher. So war der hohe Norden Chiles ein Spieltisch für Glücksritter – ebenso wie der tiefe Süden. Und manche, die sich hier betätigten, hatten wirklich Glück.

GOLD, SILBER UND SALPETER

Um ein Vielfaches größer als der Bodensee ist der Salar de Atacama, der größte Salzsee Chiles. Der verkrustete Boden neben der Piste klingt hohl und sieht durch die aufgequollenen Salz- und Gipslager wie umgepflügt aus.

Wenn wir den Spuren der Besiedlung folgen, dann landen wir im dritten Jahrzehnt des 19. Jahrhunderts. Die Impulse für die Erschließung des Nordens gingen nicht von der Kultivierbarkeit des Bodens aus, sondern von seinem Reichtum an Salpeter und Metallerzen, Silber, Gold und Kupfer. Er besiegelte den Untergang der alten Handelsorte und Ackerbau-Oasen. Die Einrichtung von Eisenbahnlinien und die lukrativeren Arbeitsmöglichkeiten in den Salpeterminen leiteten den Niedergang beispielsweise des Oasenstädtchens Chiu Chiu ein, und sein ausgeklügeltes Bewässerungsnetz verfiel.

Zu denen, die im Norden ihr Glück machten, gehörten die Señores Almeyda, Moreno und Ossa aus Copiapó. Chile hatte gerade die Unabhängigkeit erlangt, da taten sich bereits die ersten findigen Unternehmer um. Diego de Almeyda bereiste 1830 die Wüsten des Nordens, die damals mitnichten zu Chile, sondern zu Peru und Bolivien gehörten. Almeyda richtete Erzminen ein, ebenso wie Moreno und Ossa. Ossa freilich machte einen noch bedeutsameren Fund: Er entdeckte Salpeterlagerstätten auf bolivianischem Terrain und gründete Antofagasta.

In den Hochlagen der Atacama verdoppelt sich durch die dünne Luft der Benzinverbrauch. Deshalb sollte man immer rechtzeitig tanken und einen gut gefüllten Reservetank mitführen.

Mit Bolivien hatte der in Huasco geborene Chilene den Kontrakt geschlossen, exklusiv Salpeter auf bolivianischem Boden zu fördern, sobald er es fände. Er ließ sich in Antofagasta nieder, nachdem er 300 000 Quadratmeter Land in der Bucht gekauft hatte, und begann mit der Erschließung. Bald beteiligte er englische Gesellschaften an seinen Geschäften.

Die Bolivianer indes hatten diese Chance verschlafen. Die Pazifikküste, so weit entfernt von ihrer Hauptstadt La Paz, schien bisher aus dem Blickfeld gerückt zu sein. Aber nun saß in ihrem Land eine betriebsame

Am Rand des Großen Salzsees liegt San Pedro de Atacama. Das Oasendorf ist Ausgangspunkt für Ausflüge zu den Attraktionen der Wüste und weist Besiedlungsspuren auf, die mehr als 10 000 Jahre alt sind. Heute bietet der kleine Ort eine gute touristische Infrastruktur mit Hotels und Restaurants.

Den guten Bewässerungsmöglichkeiten verdankt das Elqui-Tal seine Fruchtbarkeit – eine ganze Reihe von Früchten wie Papayas, Chirimoyas oder Nisperos wächst hier. Berühmt ist das Tal auch für seinen klaren Sternenhimmel, der in der Sternwarte von Tololo beobachtet wird.

Auf den mineralhaltigen Böden des Elqui-Tales gedeihen Muskatellertrauben, aus denen der beliebte Trester-Schnaps Pisco gebrannt wird (oben und unten).

Die landwirtschaftlich orientierte Stadt Ovalle ist der Hauptort des Limaré-Tales. Sehenswert sind die traditionellen Pferderennen der Bauern.

Hafensiedlung wie die Spinne im Netz, Antofagasta, mit einem Stadtrat, der sich aus Chilenen, Engländern und Deutschen zusammensetzte – und keinem einzigen Bolivianer. Die Preise für Salpeter stiegen mit der wachsenden Nachfrage in Europa, das für seine erschöpften Böden dringend Düngemittel brauchte. Salpeter schuf Abhilfe.

Als die Peruaner zur Sanierung ihrer Staatsfinanzen die Gewinne aus dem Salpetergeschäft hohen Steuern unterwerfen wollten, erklärten ihnen im Jahr 1879 die Chilenen den Krieg. Bolivien verbündete sich mit Peru, doch Chile konnte auf englische Unterstützung und Waffen bauen. Zwei Jahre später war der Krieg gewonnen, und Chile verleibte sich die Regionen mit den Hauptstädten Arica und Antofagasta, vorher zu Peru und Bolivien gehörig, ein.

DIE KAHLSTEN BERGE SIND DIE REICHSTEN

Die alte Conquistadorenweisheit, die besagt, daß der kahlste Berg der reichste sei, weil man dort Gold, Silber usw. im Überfluß fände, hat sich bewahrheitet. Eine ganze Riege kahler Berge steht verheißungsvoll in den nördlichen Wüsten und hütet Kupfer (Chuquicamata und El Salvador) und Gold (Potrerillos). Die rasch hochgezogenen und sich selbst überlassenen Orte, so weit entfernt von der Hauptstadt Santiago und deren Einflußbereich, glichen Wüstenpflanzen, die nur von sporadischen (Geld-)Regen belebt wurden. Städte blühten auf und versanken wieder, hinterließen Mauern und Namen und die obligatorischen Eisenbahnschienen zu den Hafenplätzen, und manches Mal einen Glockenturm englischer Zimmerleute, die den Ort bald wieder verlassen sollten.

So gleicht die einsame Hafenstadt Chañaral zwischen ihren Türmen aus Porphyr einem Industriemuseum, und auch Caldera am Endpunkt einer kurzen Eisenbahnlinie ist so ein melancholisches Städtchen, dessen sandige Strände für den Tourismus erschlossen werden sollen. Die kleine stolze Bergarbeiterstadt Copiapó hingegen, wohin die Eisenbahn von Caldera aus führt, macht heute als Zentrum von Oliven- und Traubenanbau Karriere. Sehenswert ist das liebevoll ausstaffierte Eisenbahn- und Mineralienmuseum. Chañarcillo hieß der Glücksbringer im vergangenen Jahrhundert, 50 Kilometer von Copiapó entfernt, eine der damals größten Silberminen Südamerikas.

Charles Darwin schrieb während seiner Chilereise im Jahr 1836 über die Minentätigkeit: «Beinahe jeder Punkt in den Bergen ist auf der Suche nach Goldminen angebohrt worden. Bei Los Hornos war der Hauptberg mit Löchern durchbohrt wie ein Ameisenhaufen.»

Die Arbeitsbedingungen der in den Minen schuftenden *mineros* waren mörderisch. Der deutsche Forschungsreisende Eduard Poeppig, der Chile im Jahr 1829 bereist hatte, bemerkte dazu anschaulich: «Die Zeit seines Dienstes dauert 15 Tage bis zu einem Monat, und zwar ohne Unterbrechung der Arbeit, ausgenommen an ganz hohen Festtagen. Das Innere der Gruben ist ein solches, daß es oft unmöglich wird, die Glieder frei zu gebrauchen.»

Das bereits 1544 gegründete La Serena wurde in den vierziger Jahren auf Betreiben des damaligen Staatspräsidenten González Videla herausgeputzt und präsentiert sich heute in fast andalusischem Flair. Die kilometerlangen schönen Sandstrände machen die Stadt zu einem beliebten Seebad (oben und Mitte).

Die Minen waren gefräßig: Aus dem Süden des Landes wurden Indios zur Zwangsarbeit rekrutiert; alles, was sich als Brennmaterial eignete – Kakteen, Flechten, Pilze –, entnahm man dem kargen, erosionsgefährdeten Boden. Die wertvollen Bestände des Quebrachoholzes, das eine der höchsten spezifischen Holzdichten aufweist und sich für den Schwellenbau eignet wie kein anderes Material, wurden von der Isla Chiloé in den Norden geschafft. Über die Zustände in den Minen geben die Museen von Iquique und Antofagasta Auskunft, doch viel beredter ist der Anblick der verlassenen Salpeter-Oficinas (Abraumlager), welche die einsame Panamericana säumen. Im scharfen Höhenwind fegen zusammengeballte Drahtklumpen seit Jahrzehnten herrenlos umher, klimpern heruntergerissene Schilder, ächzen verrostete Türen, und wenn man dahinterblickt, sieht man winzige Kammern – die Behausungen der Arbeiter.

Längst ist alles verlassen, und niemand interessiert sich für die Baumaterialien, die hier oben gratis in der Sonne dorren. Die Region ist nicht für das Leben geeignet, weshalb man ihr den Rücken kehrte, so bald man konnte. Die Friedhöfe am Rand der Panamericana mit ihren im Licht leuchtenden Holzkreuzen zeugen von dieser rauhen und unmenschlichen Epoche.

Die ersten Klassenkämpfe Chiles richteten sich Ende des vergangenen Jahrhunderts gegen die Allmacht der Minenbesitzer, die die Forderungen der Arbeiter gewaltsam unterdrückten. In Iquique kam es 1907 zu einem der empörendsten Massaker in der chilenischen Arbeitergeschichte. Mindestens 2000 Menschen – manche sprechen sogar von 3000, die offizielle Angabe lautet 200 – wurden vom Militär erschossen.

Die heitere Atmosphäre und das milde Klima sind nur zwei Gründe dafür, Vicuña zu besuchen. Das Städtchen im Elqui-Tal beherbergt auch ein Museum, das der Dichterin Gabriela Mistral gewidmet ist.

«Wem der Norden gehört, dem gehört Chile», so lautete die Formel der Politiker – über ihre Karriere entschied die Arbeiterschaft. Der Präsident der Unidad Popular, Salvador de Allende, hielt vor den Arbeitern der Kupferminen Chuquicamata und El Teniente glühende Reden. Und der Diktator Augusto Pinochet ließ Folterlager bauen und Regimegegner verscharren.

Im Süden herrschten vergleichbare Verhältnisse. Beide Pole des Landes wiesen aufgrund der widrigen Natur schwierigste Lebensbedingungen auf, in beide wurden viele Arbeitskräfte importiert; in den Süden,

Der lebhafte Mercado Central (Hauptmarkt) von Santiago de Chile ist in einer gewaltigen Markthalle untergebracht. Die Eisenkonstruktion wurde in England gebaut und 1872 eingeweiht.

Vom Parkhügel Cerro Santa Lucía genießt man einen herrlichen Blick über das Häusermeer Santiagos.

LanChile

Auch wirtschaftlich gesehen ist Chile ein interessanter Standort. Konstante Wachstumszahlen und entsprechende Auslandsinvestitionen sorgen in Santiagos Börse für gute Geschäfte.

Chile ist nicht nur weltweit größter Exporteur von Tafeltrauben, sondern hat sich auch zu einem respektablen Weinerzeugerland entwickelt. In den Kellereien um Santiago reifen inzwischen edle Tropfen, die unter Kennern hochgeschätzt sind.

Santiagos Bohemien-Stadtviertel Bellavista zieht mit seinen Kunstgalerien, Schmuckläden, Konzertcafés, Theatern und originellen Restaurants bis in den späten Abend Publikum an.

auf die riesigen Schaffarmen, meist europäische Einwanderer, an Marx, Engels und Lenin geschulte *sindicalistas*, und die *Semana Trágica de Patagonia* 1921, in deren Verlauf Farmbesitzer auf ihre streikende Arbeiterschaft schossen, ließ nicht lange auf sich warten.

IM LAND DER PAPAYA UND DES PISCO

Geradezu harmlos hingegen nimmt sich die Geschichte der Anbauzone aus, die sich um La Serena gürtet. Wüstenhaft zwar, kommt die Region doch in den Genuß von Niederschlägen. Und wenn es in den Tälern des Río Elqui, dort, wo Gabriela Mistral, die Literaturnobelpreisträgerin von 1945, geboren wurde, für kurze Zeit, einmal regnet, dann breiten sich duftende Kräuterteppiche über die rotbraune Erde der Berghänge. Zudem fahnden die Universitäten von La Serena, Antofagasta und Santiago mit allen erdenklichen Forschungsprojekten nach Methoden, die Wasserkraft des schmalen Elqui ihrer größtmöglichen Nutzung zuzuführen. Mit Erfolg: Das dicht bewachsene Tal leuchtet in sattem Grün, es gedeihen Papayas und Feigen, und die schräggestellten Kletterhilfen für die Weinstöcke ziehen sich die Hänge hinauf. Hier werden die würzigen Trauben geerntet, aus denen der berühmte Traubenschnaps Pisco gebrannt wird. Neben den grünen Feldern, die mit ansteigender Höhe gegen den sonnenbraunen Grund der Berge branden, bietet das Tal aber auch die Relikte der Kulturen von El Molle und der vermutlich aus Argentinien eingewanderten Diaguita-Indianer (800–1536), die hier lebten und wirkten. Ihre ausdrucksvoll bemalte Keramik legt ein beredtes Zeugnis ihrer großen Kunstfertigkeit ab.

Obst und Gemüse in Hülle und Fülle findet man in Santiagos Mercado Central. Der Markt ist auch für sein reichhaltiges Angebot an Meeresfrüchten berühmt.

PEDRO DE VALDIVIA UND DIE MAPUCHE

Es betritt die Bühne ein Conquistador neuen Typs. Kein romantischer, zäher Abenteurer, kein goldgieriger Galeerensträfling, kein expliziter Indianerhasser und grausamer Menschenschlächter, sondern ein recht nüchterner, hartnäckiger Mensch: Pedro de Valdivia. Der aus der armen Region Extremadura stammende Spanier ist bestimmt kein Philantrop, will die Erde nicht um des Goldes willen, sondern um ihretwillen. Er will sie erschließen und beackern, der Krone und der Tiara steuerpflichtige Untertanen bereitstellen, er will sie natürlich auch ausrauben und einem neuen Herrn überantworten, aber er denkt wie sein Auftraggeber, der Kaiser des Heiligen Römischen Reiches und König von Spanien, König Karl V., Carlos Primero aus dem Hause Habsburg, ein Reich zu schaffen, in dem die

Großstädtisches Ambiente und südländisches Flair gehen in den Bars der chilenischen Hauptstadt eine sympathische Verbindung ein.

Geschäftiges Treiben herrscht auf der Plaza de Armas, dem zentralen Platz und historischen Zentrum Santiagos. Angelegt wurde der «Waffenplatz» bereits im Jahr 1541, die Grünflächen in ihrer heutigen Form stammen aus dem frühen 19. Jahrhundert.

Die Parkanlage des Cerro Santa Lucía gleicht einem barocken Labyrinth. Der 70 Meter hohe Hügel ist nicht nur Aussichtspunkt, sondern auch ein geschichtsbeladener Ort. Hier schlug Pedro de Valdivia 1540 sein erstes Lager auf und beschloß die Stadtgründung.

Sonne nie untergeht. Dem heiligen Jakob zu Ehren gründet er 1540 San Yago del Nuevo Extremo am Río Mapocho zu Füßen der Kordillere. Die paar Hütten stehen nicht lange. Immer wieder entzünden sich Aufstände der ansässigen Indianer, der Mapuche, gegen den Fremdkörper in ihrer Mitte. Sämtliche Besiedlungsversuche, die der hartnäckige Pedro de Valdivia in den Süden richtet, überleben mit Duldung der Indianer höchstens einige Jahre – und auch Valdivia bezahlt die Auseinandersetzung mit den Mapuche mit seinem Leben. So erhält das Land südlich von Santiago bald den passenden Namen: *frontera* – Grenzland.

Wie in Südspanien gab es nun auch im südlichen Chile eine Grenze, und hier wie dort war sie über Jahrhunderte umkämpft. In Spanien bekriegten sich Mauren und Christen, in Chile widersetzten sich die Mapuche, die schon den Inka getrotzt hatten, den spanischen Vorstößen – und später den Chilenen, wobei sie eine überaus erfolgreiche Guerilla-Taktik benutzten. Bis in das vergangene Jahrhundert markierte die Frontera die Grenze zur westlichen Zivilisation. Spanier und *criollos* scharten sich in den wenigen ummauerten Städtchen zusammen, die über das Land verstreut lagen wie Meteoriten, und um sie herum blühte die Wildnis, in die sich nur Wagemutige begaben.

Nach strengem Reglement exerziert die Garde vor dem Präsidentenpalast La Moneda. Das im Neoklassizismus errichtete Gebäude erlangte traurige Berühmtheit, als es beim Militärputsch gegen Salvador Allende 1973 bombardiert und weitgehend zerstört wurde.

«Tal des Paradieses» tauften die Spanier die Ansiedlung am Pazifik, über die Santiago versorgt wurde. Heute ist Valparaíso der größte Hafen des Landes und eine blühende Stadt.

Dies war und ist das Land der Mapuche («Herren des Landes») oder der Araukaner («tapferes Volk»), wie die Inka sie nannten. Die Mapuche bilden Chiles größte indianische Ethnie – und seine widerstandsfähigste. Kein Volk Südamerikas konnte den Conquistadoren die Stirn bieten, die Mapuche schon. Nicht einmal die im gesamten Subkontinent unbekannten Pferde der Spanier konnten sie beeindrucken, sie glaubten nicht an die Mär von den göttlichen Zentauren, gegen die jeglicher Widerstand scheitern mußte. Noch heute essen sie bei ihren Festmählern halbierte Pferde, um ihren Triumph über die Weißen zu demonstrieren. Die Mapuche hinterließen keine materiellen Spuren ihrer Kultur, sie leben sie weiter.

Die Kämpfe wogten über Jahrhunderte hinweg, und die Kolonialarmee ersann sogar die *parlamentos* (Aussprachen), eine Art Friedensverhandlung – eine in Südamerika einzigartige Anerkennung des indianischen Gegners –, um den kostspieligen Krieg zu beenden. Natürlich hielt sie sich nicht an die getroffenen Vereinbarungen, und natürlich ließen sich die Mapuche auch davon nicht beeindrucken. Bis heute kämpfen sie um ihr fruchtbares, schönes Land, das ihnen schließlich die Chilenen wegnahmen, um ihnen begrenzte Lebensräume, sogenannte *reducciones*, zuzuweisen.

Allmorgendlich künden die Tatio-Geysire in der Atacama-Wüste von der geothermischen Aktivität der Region.

Im bedeutendsten indianischen Kulturraum Chiles, Araukanien, leben heute noch etwa 500 000 Mapuche. Die Nachfahren jener unbeugsamen Indianer, die sich über Jahrhunderte erfolgreich gegen die Spanier zur Wehr setzten, leben in lockeren Gemeinschaften auf dem Land.

Als Ackerbauern und Kleinviehzüchter versuchen viele Mapuche, ihr traditionelles Leben fortzuführen. Die meisten Indianergemeinden allerdings leben unterhalb der Armutsgrenze – Teile des Landes, das sie ursprünglich besaßen, wurden bisher von der chilenischen Regierung nicht vollständig zurückgegeben.

Zwar hat ihnen Patricio Aylwin, der erste Präsident (1989–1993) nach der Pinochet-Diktatur, ein Denkmal auf der Plaza de Armas in Santiago widmen lassen und, mit Mapuche-Stirnband angetan, die vollständige Rückgabe ihres Landes versprochen. Und auch sein Amtsnachfolger Eduardo Frei streifte die indianische Tracht über und erneuerte das Versprechen. Die selbstbewußten Mapuche jedoch, deren Frauen das Stirnband unvergleichlich besser steht und die deswegen auch wesentlich medienwirksamer sind, fordern alles. Und alles haben sie noch längst nicht zurückerhalten.

DIE SCHÄTZE DES SÜDENS

Gefiederte Bänder der Trauerweiden, Dickichte aus den zierlichen Ampeln der Fuchsien, zarte, rubinrote Glocken der Copihue (die Nationalblume Chiles), gelbe Pantoffelblüten und Urwälder aus Farnen mit Umrissen wie feine Spitzen, alles verborgen zwischen schneebedeckten Vulkanen, so sollte man sich den Süden vorstellen. Dunkle Seen gleißen in den schönsten Farben, die Ojos de Caburgua etwa in einem satten Tintenblau, während die Laguna Verde, ein Seitenarm des Lago Todos Los Santos, im tiefsten Grün schillert, hervorgerufen durch seinen dichten Bestand an Mikroalgen. Öffnen sich die engen, dichtbewachsenen Täler, erklimmt der exotische Baumbestand steile Berghänge, sieht man schwarze Lavaspuren das Grün durchschneiden, erblickt man hoch oben in der blauen Luft Fumarolen der aktiven Vulkane Lonquimay und Villarrica.

In diese Pflanzenfülle sind Felder, Dörfer und Kleinstädte gebettet, die wirken, als habe man sie dem Deutschland der fünfziger Jahre entnommen. Holsteiner Kühe grasen zu Füßen der Vulkane, Brombeerhecken rahmen Äcker ein, Wiesenblumen und Johannisbeeren umstehen Apfelbaum-Pflanzungen. Die Häuser sind aus Holz errichtet, dem Material, das es im Überfluß zu geben scheint. Vom Alter und der Sonne grau patiniert oder mit frischen hellen Farben herausgeputzt, säumen sie die Straßen in Osorno, Puerto Varas, Puerto Montt, sieht man sie in Panguipulli, Choshuenco, Villarrica, Cochamó, Chaitén. Obligate Zier: ein Rosengärtchen und Gardinen in den Fenstern. Die deutschen Kolonisatoren des vergangenen Jahrhunderts haben diese Landschaft komplett umgestaltet. Welche Mühen das gekostet haben muß, davon sprechen die Briefe der Auswanderer, die im Museo Colonial Alemán in Frutillar am Lago Llanquihue ausgestellt sind.

Unter den Wipfeln der Urwaldbäume verrutscht das idyllische deutsche Bild, sobald man ein wenig abseits der offiziellen Routen unterwegs ist. Motorengeräusch kreischt in der Stille, Holzlaster sind die einzigen Fahrzeuge, die einem auf den feuchten, schwarzerdigen Straßen begegnen. Der Waldbestand Chiles wird in einem Maß abgeholzt, sagen Naturschützer, das dem der brasilianischen Amazonasgebiete entspricht. Mit rasender Geschwindigkeit wird die grüne Lunge der Erde auch in diesem Teil Südamerikas beschädigt. Im Hafen von Puerto Montt, in Angelmó, etwa wachsen braune Berge aus zerschnittenem Holz in die Höhe, Futter für die japanischen Zellulosefabriken.

Pablo Neruda schrieb in seinen Erinnerungen: «Wer den chilenischen Wald nicht kennt, kennt diesen Planeten nicht.» Kein Chilene wird ihm je widersprechen.

Zu feierlichen Anlässen legen Mapuche-Frauen ihre traditionelle Festtagskleidung an. Besonders kostbar ist der Silberschmuck.

Und zurecht wenden sich die Klagen immer stärker gegen den Raubbau an den kostbaren Schätzen der Natur. Dieselben Klagen wird derjenige vernehmen, der auf den Märkten von Chiloé die Paletten mit Meeresfrüchten bewundert. Für die Chiloten bieten sie lediglich eine kümmerliche Auswahl dessen, was sich früher in den Gewässern der Insel tummelte.

Allem wirtschaftlichen Aufschwung zum Trotz, der dem stabilen Chile eine Arbeitslosenquote von offiziellen sechs Prozent und eine Schar Handy-Benutzer in den modernen Glaspalästen der schicken Büro- und Wohnviertel an Santiagos Avenidas Providencia und Apoquindo verschafft hat, beklagt man den Ausverkauf und die Schädigung der natürlichen Ressourcen.

Lebendig und freundlich empfängt Castro seine Besucher. Der Ort gehört zu Chiles ältesten Städten (1567 gegründet) und ist seit 1982 Hauptstadt der Insel Chiloé.

Chiloés Häuser müssen häufig schwerem Regen standhalten. Eine Möglichkeit, sie wetterbeständig zu machen, ist die Verkleidung der Fassade mit Wellblech. Die auffällige Farbgebung dient dagegen ästhetischen Zwecken.

DIE ISLA DE CHILOÉ

Reisende vergleichen die Insel Chiloé gerne mit Irland: genauso grün, sanft und hügelig. Doch das harmonische Erscheinungsbild trügt: Denn obwohl zwei Naturparks Chiloé schützen, werden seit Jahrhunderten die reichen Wälder abgeholzt. So ist auch der Duft Chiloés nicht der salzige seiner Gestade, sondern Brandgeruch, vermischt mit dem Aroma von Eukalyptus.

Nachlässige Camper seien an den Waldbränden schuld, sagt der zuständige Tourismusbeauftragte, als wir von Ancud nach Castro fahren. Sie löschten ihre Grillfeuer nicht und würfen brennende Zigarettenstummel auf den Boden. Die verkohlten Baumstümpfe, die kilometerlang die Strecke säumen, sprechen für sich. Ein Mitreisender gibt später im Bus zu bedenken, daß sich durch die Wiederaufforstung mit Eukalyptus der natürliche Immunschutz der Natur verändert habe. Die heimischen *alerces* (eine kostbare, extrem langsam wachsende Lärchenart) seien auf einer gesunden Erde gewachsen – und der hätten, theoretisiert er, ein paar weggeworfene Kippen wesentlich weniger ausgemacht.

Der Bus ist voll besetzt. Es geht zur *feria* nach Chonchi. Das wunderschön gelegene Städtchen mit seinen Holzhäusern liegt direkt am Meer und war einmal wichtigster Hafen der Insel. Heute ist es Heimat der Möwen und Sitz der Melancholie. Aber nicht zur Zeit der *feria*, wenn der *curanto* (ein traditionelles Gericht) in seinen natürlichen Dampfkochtöpfen in der Erde schmort und verführerische Duftwölkchen nach Muscheln und Speck in die Luft steigen. Dann hat sich alle Welt zum Fest eingefunden, und jeder bekommt ein Glas *cidre* in die Hand gedrückt.

Die Insel ist umhüllt vom Hauch zahlreicher Sagen. Sozusagen die Elementarstufe der Mythen und Märchen Chiloés bilden Pincoya, Trauco und Caleuche. Über sie sollte man schon Bescheid wissen. Pincoya ist eine schöne Meerjungfrau und tanzt für die Fruchtbarkeit des Meeres. Wendet sie sich ab, werden die Fische steril. Patron aller unehelichen Kinder auf Chiloé beansprucht der Trauco zu sein, ein äußerst viriler Waldbewohner, extrem häßlich, aber so betörend, daß alle Frauen auf ihn reinfallen. Das Geisterschiff Caleuche hingegen kreuzt vor den Küsten Chiloés und verführt mit Musik und Lichterglanz die Chiloten, zu ihm hinauszurudern. Wer sich an Bord begibt, verliert sein Leben und wird eine der unglücklichen Seelen an Deck.

Chiloé hat seine eigene Schöpfungsgeschichte, in der Chile nicht vorkommt, seine eigene Küche, seine eigene Kirchenarchitektur mit einer traumhaften Vielfalt an komplett geschindelten Bauten und geschnitzten Veranden, seine eigenen Pfahlbauhäuser, *palafitos*, und seine eigene Musik, die *cueca*.

Zum Schönsten, was Chiloé zu bieten hat, gehören die zahlreichen Holzkirchen, die auf die Zeiten der jesuitischen Mission zurückgehen.

Ein typisch patagonisches Farmgebäude: Die Wellblechfassade und das weit heruntergezogene Dach schützen vor Wind und Wetter.

Holzschindeln in den unterschiedlichsten Formen wurden für den Bau der Kirchen auf Chiloé verwendet. Auch diese Bauart hat sich im feuchten Klima der Region bewährt.

Im äußersten Süden der Andenkette liegt der Torres del Paine-Nationalpark. In dem Naturschutzgebiet, das 1978 von der UNESCO zum Biosphären-Reservat erklärt wurde, taucht man in völlig unberührte Wildnis ein, etwa am Großen Wasserfall des Lago Nordenskjöld.

Und seine Patrioten, die genauso wie ihre Landsleute auf dem Festland, dessen Vulkankulisse märchenhaft herübergrüßt, über die Exportexzesse der neoliberalen Wirtschaftsordnung – unter Pinochet begonnen, unter Aylwin und Frei in Maßen fortgesetzt – stöhnen. Angeprangert werden die gnadenlosen Fangmethoden der japanischen Flotten, die darauf hinauslaufen, den

Fischbestand in den Gewässern um die Insel zu vernichten. Daß die Region aus dem Stand zum zweitgrößten Lachsexporteur der Welt hinter Kanada wurde, hat ebenfalls seine Konsequenzen auf die Meeresfauna. Die Küsten Chiloés und Südchiles sind übersät mit Lachszuchtbecken, die auf den Wellen schaukeln. Die Fische, die hier nicht heimisch sind, verändern das Bioklima des Meeres, und die Anzahl der Meeresfrüchte, die hier natürlicherweise vorkommen, nimmt aufgrund der Überdüngung in alarmierender Weise ab.

DIE SÜDLICHSTE STADT DER WELT

In Chiloé endet die bewohnbare Welt. Weiter südlich findet man auf einer Distanz von immerhin etwa 1500 Kilometern, einem Drittel des Landes, nur noch fünf Städte: Chaitén, Coyhaique, Balmaceda, Puerto Natales – und Punta Arenas, eine ausgesprochene Schönheit. Alle weiteren Siedlungen sind Stecknadelköpfe in einem Meer aus Gletschern und Vulkanen, Algenteppichen, Tafelfelsen und Beerentangbänken, Südbuchenwäldern und Oleanderbüschen.

Der quirlige, energische, auskunftsfreudige Germán Pardo Muñoz, Regionaldirektor der Emaza (Empresa de

Puerto Williams ist die südlichste Ansiedlung außerhalb der Antarktis. Die Vorfahren der Yamaná-Indianer stießen von hier aus als Seejäger bis Kap Hoorn vor. Heute zeugen nur noch Relikte im Stadtmuseum von dieser einzigartigen indianischen Kultur.

Schneebedeckte Gipfel, türkisfarbene Seen, grüne Täler und unerwartet bunte Blumenteppiche begleiten den Wanderer auf seinem Weg durch den Torres del Paine-Nationalpark.

Abastecimiento de Zonas Aisladas) in Punta Arenas, der staatlichen Gesellschaft zur Versorgung isolierter Zonen, zeigt Fotos von seinen Arbeitsstätten an der Carretera Austral, wobei eine märchenhafter, einsamer und unwirklicher wirkt als die andere. Die Caleta Tortel etwa könnte, was die Üppigkeit der Vegetation betrifft, in der Karibik liegen. Es fehlt lediglich das grelle Sonnenlicht – und Señor Muñoz trägt Wollmütze und wattierten Anorak.

Mit der Hilfe des Militärs, das den kostenlosen Transport besorgt, schafft die Emaza alle drei Monate Zucker, Linsen, Öl, Treibstoff, Draht, Maschinen, Geräte und Handwerkszeug in den Süden. In Tortel leben die Leute vom Zypresseneinschlag, in Puerto Edén vom Räuchern von Muscheln und Krebsen, und in Puerto Yungay noch gar niemand. 350 Schafe werden die ersten sein, die diesen Hafen kennenlernen. Allerdings haben Chiloten und Leute aus Puerto Montt bereits Interesse angemeldet, dorthin zu ziehen.

Chiles tiefer Süden ist Pionierland. Die Geschichte der Region liest sich entsprechend. Bereits 1584 war ein Versuch der spanischen Krone gescheitert, 275 Kolonisten anzusiedeln, darunter 13 Frauen und 10 Kinder. Die kalte und stürmische Umgebung schleuderte die Siedler in ein völlig ungewohntes Umfeld, und schnell starben sie des Hungers. Der britische Pirat Thomas Cavendish rettete den einzigen Überlebenden dieser Katastrophe 1587 und taufte den Ort Rey Felipe II. folgerichtig in Port Famine um, Hungerhafen. Jahrhunderte später verbannte die chilenische Regierung Schwerverbrecher in die patagonische Provinz Magallanes. Und heute glitzert dort plötzlich eine Stadt im

Die Antarktis kann nicht weit sein: 70 Kilometer nordwestlich von Punta Arenas trifft man auf die häufig besuchten *pinguineras* (Pinguinkolonien).

Nördlich der Magellan-Straße, zwischen Punta Delgada und Punta Arenas, liegt die Farm «La Portada». Hier werden einige tausend der insgesamt über drei Millionen chilenischen Schafe gehalten.

Schein ihrer Kugellaternen. Nach 2000 Kilometern mit Holzhäusern gibt es hier Häuser aus Stein, stuckverziert, mit farbig abgesetzten Friesen. Sie sind rosa und weiß gestrichen, haben Parkett und Wintergärten. Sogar schmiedeeiserne Balkone schmücken die südlichste Stadt der Welt, Punta Arenas.

Die Stadtentwicklung ist der Vermessenheit einer Handvoll steinreich gewordener Schafzüchterfamilien zu verdanken, die sich hier, am Ende der Welt, eine repräsentative Heimat von hohem gesellschaftlichen Niveau und Möglichkeiten zu intellektuellem Vergnügen schaffen wollten. Aus dem Nichts erhoben sich Ende des 19. Jahrhunderts Grandezza-Bauten in den kalten Himmel, den nur drei Monate Sommer halbwegs erwärmen. Es wurde sogar ein Opernhaus gebaut – zur Eröffnung gab man «Aida». Auch heute noch übt Punta Arenas den großbürgerlichen Reiz einer wohlhabenden Kaufmannsstadt aus.

Die riesigen öden Gebiete, die Punta Arenas umgeben, bildeten den Lebensraum der indianischen Bevölkerung, der Ona und Yaganes. Von ihnen hat kein einziger den Zusammenstoß mit der neuen Herrscherriege überlebt. Das Museo Salesiano dokumentiert deren Lebensweisen, die den Schafzüchtern und plötzlichen Landesherren ein Dorn im Auge waren. Auch bei chilenischen Schriftstellern wie Luis Sepúlveda und Francisco Coloane kann man erfahren, wie Robbenschlächter und Trankocher umbarmherzig über die südlichen Eisgestade Chiles herfielen, Pinguine lebend in riesige Kocher warfen und brutal die winzigen indianischen Gemeinden vertrieben. Die ließen sich in den unwegsamsten Gefilden nieder, die sie finden konnten, den von Kanallabyrinthen zerschnittenen Insel-Irrgärten gegenüber der Carretera Austral. Doch auch hier waren sie nicht sicher, wurden verfolgt, vertrieben, getötet.

Bei Villa Tehuelches: Nur die Begrenzungszäune der riesigen Schaffarmen unterbrechen die weiten Flächen der Region Magallanes.

Die Klaviermelodie der «Suite de Aisén» perlt im ruhigen, gelassenen Rhythmus, den Regentropfen gleich, die sanft gegen die Fensterscheibe sprühen. In der wie ein italienischer Eissalon eingerichteten Bar «El Túrista» an der Plaza von Puerto Aisén hört die junge Kellnerin Radio. In den Fenstern des kleinen Kaufhauses baumeln trotzig geblümte Sommerkleider. Es ist Februar, Hochsommer, und hat klamme 15 Grad. Hier in Puerto Aisén an der Carretera Austral ist aller Stolz, alle Liebenswürdigkeit, alle Hoffnung versammelt, die ein solch in die bloße, reine Natur gesenkte Stadt nur haben kann. Sie ist ein Symbol für so viele andere. 1914 als bloße Mole einer Viehzuchtgesellschaft gegründet, wuchsen die Straßen, wuchs die Bedeutung. Doch der bessere Hafen von Puerto Chacabuco lief Puerto Aisén den Rang ab. Und jetzt ist die 12000-Einwohnerstadt einfach da. Vielleicht belebt sie der junge Tourismus neu. Vielleicht aber auch nicht.

Diese Felstürme gaben dem Nationalpark seinen Namen: «Torres del Paine». Sie gehören zu den bergsteigerisch anspruchsvollsten Gipfeln der Welt.

Ebenso bizarr wie grandios erheben sich die Cuernos (Hörner) del Paine über dem Lago Pehoe.

RAPA NUI

Die Osterinsel

Vor rund zwei Millionen Jahren entstand die nur 117 Quadratkilometer große vulkanische Insel, der einsamste Fleck der Welt, 3800 Kilometer vom Festland entfernt. Sie bildet den Rahmen für eine eigenartige Kultur, die nirgendwo sonst zu Hause ist.

Eine andere Welt erwartet den Ankommenden auf der Isla de Pascua: Sanfte, vom Blütenaroma durchdrungene Winde der Tropen wehen hier, Weihnachtssterne, saftigblättrige Mangobäume und Palmwipfel verbinden sich zu einem exotischen Reigen. Und bei dem Hauptort Hanga Roa erheben sich die Rätsel der Osterinsel, die Steinstatuen der *moai*. Und Rätsel wirft auch die Frage nach dem Ursprung der Bevölkerung dieses Eilands auf. Man nimmt heute an, daß die Osterinsel – der holländische Admiral Jacob Roggeveen gab ihr diesen Namen, da er just am Ostersonntag des Jahres 1722 seinen Fuß auf das Eiland setzte – im 5. Jahrhundert von Polynesien aus besiedelt wurde. Tausend Jahre später soll dann unter Führung des legendären Königs Hota Matua die zweite, ebenfalls aus Polynesien stammende Gruppe hier an diesen Gestaden gelandet sein.

Der Legende nach gab es zwei Gruppen: Die adeligen «Langohren» herrschten über die sozial niedriger stehenden «Kurzohren» in unerbittlicher Sklavenhaltermanier und provozierten damit einen äußerst blutigen Aufstand, der schließlich zur vollständigen Vernichtung der Langohren führte. Die von den Kurzohren bis dahin errichteten Moai wurden als Manifestation der unterdrükkerischen Ideologie von ihren Podesten gestoßen und zerstört.

Die Entstehungszeit der tonnenschweren monolithischen Moai, denen allen gemeinsam die überbetonten Ohren, Nasen und Kinnladen sowie das recht eigentümliche Lächeln um die schmalen Lippen ist, datiert man ins 12. bis 14. Jahrhundert. Sie waren auf den *ahus* errichtet, die die religiösen Zentren der von Fürsten regierten Gemeinschaften waren. Die Häuser der Ranghöchsten umstanden eine gegenüberliegende *plaza*, auf der die Kulthandlungen vollzogen wurden.

Ein weiterer sagenhafter Kult war am Kraterrand von Rano Kau beheimatet: In halsbrecherischer Lage, etwa 500 Meter über der steil abfallenden Küste, trifft man auf reliefüberzogene, schwarze Basaltsteine, die menschliche Körper mit Vogelköpfen und einem Ei darstellen. Diese Symbole galten dem obersten Gott Makemake. Ihm zugeordnet sind der Vogelmensch Tangata Manu und das Fruchtbarkeitssymbol Komari. Der Kult wurde in einem Ritual bekräftigt, in dem die Stammesfürsten jedes Frühjahr darum wetteiferten, das erste Ei der schwarzen Seeschwalbe zu finden, die in den Lavafelsen der kleinen vorgelagerten Insel Motu Nui brütet. Sie sandten auserwählte Wettkämpfer durch das aufgewühlte Meer und ließen dort bis zu einem Monat nach diesem Ei suchen. Wer es fand, wurde zum «Vogelmann des Jahres» gekürt. Weniger mythisch, sondern schlichtweg schrecklich sind über Jahrhunderte Spanier und Chilenen mit den Inselbewohnern umgesprungen. Die ursprüngliche Bevölkerung von geschätzten 15 000 war im Jahr 1862 auf 111 dezimiert. Die *conquistadores* verschleppten die Bevölkerung und zwangen sie zur Arbeit auf dem Festland. 1888 erklärte Policarpo Toro Rapa Nui zu chilenischem Besitz, und bald etablierte sich eine neue Herrscherclique, britische Schafzüchter, an die Chile das Land einfach verpachtet hatte. Der fruchtbare Boden wurde abgeholzt und versteppte, die Rapa Nui durften sich auf ihrer eigenen Insel nicht mehr frei bewegen, sondern waren in einem Ghetto eingepfercht. Als die chilenische Marine 1953 die Insel erneut übernahm, besserten sich die Lebensbedingungen der Rapa Nui kaum.

Eine Insel-Erkundung kann im Hauptort *Hanga Roa* beginnen. Schnell erreicht ist die Kultanlage Tahai mit dem Tempel *Ahu Vai Uri* und Moai-Skulpturen. *Vinapu* bezeugt die Zerstörung der Kultfiguren; genau wie im drei Kilometer entfernten *Hanga Poukura* liegen die Statuen hier umgekippt und zerbrochen im Gras. Spektakulär ist ein Besuch am Vulkan *Rano Raraku*, wo man auf 397 Moai in den verschiedensten Bearbeitungszuständen stößt. Erklimmt man den Gipfel, erblickt man die größte, restaurierte Anlage *Ahu Tongariki* mit 15 Skulpturen. Die schönste Kultstätte ist wohl *Anakena* direkt am rosafarbenen, von Palmen begrenzten Strand. Die steinernen Bildnisse scheinen ruhig und gelassen eine Ankunft abzuwarten.

Oben: *Moai* am Rand des Rano Raraku-Kraters.
Mitte: Faszinierender Blick ins Auge des Vulkans.
Unten: Bei den Statuen von Anakena betonte man die Augen mit eingelegten Muscheln oder Obsidian.

3790 Kilometer vor der südamerikanischen Küste liegt die Osterinsel, die einsamste Insel der Welt. Seit 1888 gehört sie zu Chile. Ihren eigenständigen Charakter, für den die zahlreichen Felsstatuen (*moai*) stehen, konnte sie aber bewahren.

CHILE: PLANEN · REISEN · GENIESSEN

INHALT

Voller Spannung warten diese Reiter auf ihren großen Auftritt beim Pferderennen in der Nähe von Ovalle.

ALLGEMEINE INFORMATIONEN

Lage und Größe. Das erste, was man im chilenischen Fremdenverkehrsamt in die Hand gedrückt bekommt, ist ein buntes Leporello zum Auseinanderfalten, etwa einen halben Meter lang: die Landkarte Chiles. Auf einem anderen Format wäre Chile, ohne seine Teile an der Antarktis stolze 4300 Kilometer lang, auch nicht unterzubringen. Das langgestreckte Land mißt an seiner schmalsten Stelle nur 90 Kilometer, die durchschnittliche Breite beträgt 180 Kilometer. Auf seiner gesamten Länge trennt die Andenkordillere Chile von Argentinien im Osten, im Westen liegt der Pazifik, im Nordosten grenzt es an Bolivien und im Norden an Peru. Zwischen dem 17. und 56. Grad südlicher Breite und dem 68. und 76. Grad westlicher Länge umfaßt Chile 757 000 Quadratkilometer einschließlich der Osterinsel und der Juan-Fernández-Inseln.

Landschaftliche Gliederung. Die Chilenen selbst beschreiben ihr Land als «último rincón del mundo». Das Bild vom «letzten

Winkel der Welt», der so abgeschieden hinter der bis zu 7000 Meter aufragenden Andenkette liegt, erweist sich immer mehr als zugkräftiges Argument für den Fremdenverkehr. Und die Neugier der Reisenden wird belohnt, denn Chile verfügt tatsächlich über eine einzigartige landschaftliche Vielfalt. Bestimmend für die geographische Gestalt Chiles sind die auf weite Strecken dicht benachbarten Kordilleren der Küste und der Anden, die Chile fast auf der gesamten Längsausdehnung teilen. Die Ausformung der jungen, aktiven, mit Vulkanen durchsetzten Andenkette begann im Tertiär (vor etwa siebzig Millionen Jahren) und ist im

Gegensatz zu derjenigen der Küstenkordillere noch nicht beendet. Sie wird von Plattenbewegungen beeinflußt, die Erdbeben und Vulkanausbrüche hervorbringen (die letzten: Villarrica 1985 und Lonquimay 1989). Die Tatio-Geysire im Norden bei San Pedro de Atacama und die heißen Quellen in ganz Chile begleiten diese vulkanischen Prozesse. Die ältere Küstenkordillere stürzt bei Puerto Montt im Süden ins Meer und zersplittert in Tausende von kleinen Inseln.
Ein breites Längstal, das Valle Longitudinal, schiebt sich zwischen die beiden dominanten Gebirgszüge, als Hochebene im Norden sowie als ausgedehnte Senken im Süden.

Neben der prägnanten Längsteilung gliedert man Chile von Norden nach Süden in fünf große Naturräume: den Großen Norden, den Kleinen Norden, Mittelchile, den Kleinen Süden und den Großen Süden.
Der Große Norden umfaßt Wüsten und Hochplateaus von Arica und dem Tal von Azapa bis zur Atacama-Wüste. Durch Verdunstung hat sich auf dem Grund einiger dieser Trockentäler ein besonderes Klima herausgebildet, das den Anbau von Getreide, Früchten und auch ein wenig Viehzucht erlaubt. Die von hohen Vulkanen der Andenkordillere überragte salpeterreiche Hochebene präsentiert sich als Schutt- und Steinwüste, angefüllt mit den Abtragungen aus den Gebirgen. Das Längstal nimmt hier die Gestalt der beckenähnlichen Pampa de Tamarugal an, die trotz des Salpetergehalts der Erde und der erheblichen Trockenheit mit ihren unterirdischen Wasservorräten dem gleichnamigen Baumbestand genügend Nahrung liefert. Im südlichen Teil durchzieht der breite Gebirgszug der Cordillera Domeyko das Längstal.
Vor der Hochebene mit ihrem Kranz aus bis zu 6000 Metern hohen Andengipfeln liegt eine Senke, in der sich das Schmelzwasser aus den Bergen sammelt, malerische Seen bildet, verdunstet und schließlich Salare, Salzseen, hinterläßt. Nur der Río Loa schafft es, diese seltsame Welt aus rotem, ockerfarbenem, grauem, weißem und anthrazitfarbenem Gestein, zimtfarbenen Wüsten und glitzernden Salaren zu durchfließen.
Der Kleine Norden von Copiapó bis zum Tal des Aconcagua enthält halbwüstenhafte Strukturen neben grünen Flußoasen. Breite, stets wasserführende Täler, die Valles Transversales, rastern die Mittelzone quer zu den beiden Gebirgsketten auf und durchschneiden auch die Küstenkordillere.
Die vergletscherte Andenkordillere in Mittelchile erlaubt durch ihr nie versiegendes Schmelzwasser ausgedehnte Bewässerungskulturen in der mittleren Talsenke, die sie von der Küstenkordillere trennt.
Wegen seines vielgestaltigen Landschaftsbildes zählt der Kleine Süden von Concepción an der Mündung des Flusses BíoBío bis hinunter nach Puerto Montt zu den landschaftlichen Höhepunkten Chiles. Die Küstenkordillere ist in diesem Abschnitt bis 1500 Meter hoch, steil, stark gegliedert und gezackt und weist eine buchtenreiche Küstenlinie auf, die Andenkordillere löst sich in perfekt geformten, schneebedeckten Vulkankegeln auf. Der Boden der Senke, die im nördlichen Teil von tiefen Vulkanseen durchsetzt ist, taucht bei Puerto Montt im Seno de Reloncavi unter den Meeresspiegel.
Der Große Süden bildet den Abschluß der meridionalen Fünfteilung. Er wird durch vier Zonen prägnant gestaltet: dem nahezu unbewohnten Labyrinth aus Inseln, Fjorden und Kanälen, der stark vergletscherten Andenkordillere (hier noch bis zu 4000 Meter hoch), der Tafelbergzone um Coyhaique und der winderfüllten Kältesteppe in Ostpatagonien und auf Feuerland.

Tier- und Pflanzenwelt. Schwerwiegende menschliche Eingriffe in die Natur haben in ganz Chile zu einer Veränderung der Tier- und Pflanzenwelt geführt. Katastrophal wirkten sich etwa die massiven Abholzungen im Süden Chiles und auf der Isla Chiloé aus – letztere erhielt dadurch ein komplett neues Aussehen. Die sich rasant entwickelnde Lachszucht hat zu einer starken Schädigung der Wasserqualität geführt, mit der Folge, daß der Bestand der berühmten Meeresfrüchte Chiles stark zurückgegangen ist. Die Öffnung für profitorientierte internationale Märkte (besonders Japan) hat desweiteren bewirkt, daß Aufzuchtmethoden vernachlässigt, nicht verwertbare junge Austern zum Beispiel mitgeerntet werden. Im Norden fressen die Verarbeitungsanlagen der Tagebau-Kupfermine Chuquicamata sämtliches brennbares Material, was in den Wüsten gedeiht. Dort gibt es keine Säulenkakteen mehr, sogar Pilze und Flechten wurden gesammelt und verheizt.
Trotzdem ist Chile ein sehr attraktives Land für Naturliebhaber: Im Großen Norden breiten sich niedrige Dorngehölze und Salzstrauchgewächse über das Landesinnere aus. In den Trockentälern wachsen verschiedene Akazienarten und subtropische

Oben: Landschaft wie aus dem Bilderbuch. Wahrhaft majestätisch thront der schneebedeckte Vulkan Villarrica über dem gleichnamigen See im Süden Chiles.

Links oben: Auf einem Plateau in der Atacama-Wüste liegt das malerische Lehmziegeldorf Caspana.

Das unter Naturschutz stehende «Andenkamel» *vicuña* trifft man vor allem im nördlichen Chile an.

Rechts oben: Naturerlebnis ohne Grenzen bietet der Beagle-Kanal in Patagonien, eine Seestraße zwischen undurchdringlichen Wäldern und Gebirge.

Früchte. *Llamas*, *guanacos*, *alpacas* und *vicuñas* sowie die *vizcachas* (Nagetiere) und verschiedene Eidechsenarten finden hier ein natürliches Habitat. Vor ihrer Ausrottung lebten auch Chinchillas im Großen Norden. An der Küste mit ihrer Nebelvegetation (Sukkulenten und Zwergsträucher) sind der Guanovogel und der Pelikan heimisch.

Charakteristisch für die Trockensteppe des Kleinen Nordens sind Sukkulentengewächse (etwa Kakteen) und laubabwerfende langdornige Sträucher in lockeren, gen Norden schütter werdenden Ansammlungen. Mit zunehmender Niederschlagsmenge gen Süden verdichtet sich der Pflanzenbewuchs. Ein Highlight bei La Serena ist der Nationalpark Fray Jorge. Hier wandert man wegen der besonderen Küstennebelbildung durch Valdivianischen Regenwald. Bewohner des Kleinen Nordens sind der seltene Puma, der Kondor, Lamas, Füchse und Vizcachas.

Mittelchile entwickelte sich über Jahrhunderte hinweg zur reinen Kulturlandschaft; durch rigorose Ausnutzung und Entwässerung des Bodens hat sich hier ortsfremde Vegetation breitgemacht: Macchien, Zwergsträucher und Kakteen bedecken die Hänge. Wenn man den Kleinen Süden um Valdivia, Osorno und Puerto Montt bereist, erstaunt immer wieder die Ähnlichkeit der Region mit deutschen Landschaftsformen. Kein Wunder: Die ersten weißen Siedler, die in den immergrünen Regenwald vordrangen, waren deutsche Immigranten. Im übrigen findet man hier noch echten Valdivianischen Urwald mit Pitra, dem Bambusgewächs Colihue, Myrten, Zimtbäumen, Arrayanes, Farnen, Wäldern aus Fuchsien, Orchideen und der rubinroten Nationalblume Copihue. Die fruchtbaren Böden im Land der Mapuche südlich des BíoBío waren schon den ersten spanischen Conquistadoren Objekt der Begierde. Die rücksichtslose Ausbeutung hat hier das ökologische Gleichgewicht völlig zerstört. Die natürliche Vegetationsdecke um Angol herum ist verschwunden und hat riesigen Weizenfeldern Platz gemacht. «Landrodungschile» wird dieses Mittelstück des Kleinen Südens auch genannt.

Der Große Süden weist vier Vegetationsformen auf: immergrüne Feuchtwälder mit Hochmooren, Südbuchenwälder, sommergrüne subantarktische Wälder und die verstrauchte Kältesteppe in Ostpatagonien. Der kostbarste Baum dieser Region, die Lärchenart Alerce, die über 1000 Jahre braucht, um ihre endgültige Größe zu erreichen, fiel den Brandrodungen der ersten Siedler zum Opfer. Heute ist sie geschützt. Guanakos, Füchse, Vizcachas und Pumas leben in den Wäldern und den Steppen, Dampfschiffenten, Gänse, verschiedene Ibis-Arten, Reiher und die patagonischen Strauße (Ñandus) bevölkern die Seen und Küsten.

Nationalparks. Der Parque Pumalín, über Caleta Gonzalo und Hornopirén an der Carretera Austral zu erreichen, bildet eine Ausnahme unter den chilenischen Nationalparks: Der Gründer der Modefirma Esprit, Douglas Tompkins, erwarb in den Provinzen Palena und Chaitén 250 000 Hektar Land, um hier einen Nationalpark einzurichten und den jungfräulichen Nebelwald zu schützen. Da dieses Projekt das umfangreichste Gelände betrifft, das jemals von einer Privatperson gekauft wurde, um es in einen Nationalpark zu verwandeln, war und ist es unter Politikern umstritten.

Unumstrittene Tatsache jedoch ist, daß die Nationalparks Urlauber aus aller Welt anziehen. Sie sind ein Pfund, mit dem das Land wuchern kann. Am beliebtesten sind im Süden der Parque Nacional Vincente Pérez Rosales am Lago Llanquihue, der Parque Nacional Torres del Paine, der Parque Nacional Conguillio zu Füßen des Vulkans Llaima mit seinen Araukarien, der über Temuco zu erreichen ist. Die Nationalparks des Großen Nordens, Lauca (Standort ist Arica) und Isluga, haben nicht deren Popularität erreicht und stellen wegen der Lage auf dem *altiplano* auch andere Ansprüche an den Reisenden.

Informationen zu den Nationalparks erhält man bei der Zentrale und den Büros der staatlichen Touristeninformation Sernatur.

Rechs unten: Ein wenig unproportioniert wirkt der *ñandu*, der patagonische Strauß, dem man vor allem im Torres del Paine-Nationalpark in Patagonien begegnet.

Links unten: Immer auf der Suche nach Futter – Wüstenfuchs in der lebensfeindlichen Atacama-Wüste.

WAS ZÄHLT IN CHILE:

Maße und Zahlen auf einen Blick

Zeit

Ganz Chile gehört zu einer einheitlichen Zeitzone. Im chilenischen Sommer (Oktober bis März) gilt Mitteleuropäische Zeit (MEZ) minus vier Stunden, im chilenischen Winter (April bis September) MEZ minus fünf Stunden bzw. minus sechs Stunden während der europäischen Sommerzeit.

Maße/Gewichte/Temperaturen

In Chile wird nach dem metrischen System gemessen, Entfernungen werden in Kilometer angegeben, Gewichte in Kilogramm, Hohlmaße in Liter und Temperaturen in Grad Celsius.

Elektrizität

Die Netzspannung beträgt durchweg 220 Volt. Wegen der unterschiedlichen Steckvorrichtungen empfiehlt es sich jedoch, einen Multi-Adapter mit verschiedenen Polsystemen einzustecken.

Geld

Währungseinheit ist der chilenische Peso, der eng an den US-$ gekoppelt ist. Banknoten in US-$ und US-$-Reiseschecks werden in der Regel eingewechselt, die gängigen Kreditkarten in größeren Orten akzeptiert.

Telefonieren

In Chile gibt es drei große Telefongesellschaften, deren Code bei Ferngesprächen zu berücksichtigen ist. Die Vorwahl für Deutschland lautet 00 49, für Österreich 00 43 und für die Schweiz 00 41. Von Europa aus erreicht man Chile unter der Vorwahl 00 56.

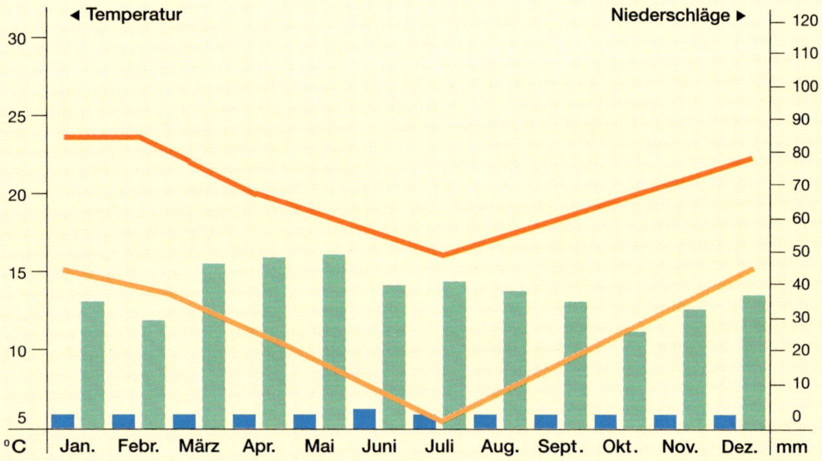

Durchschnittl. Tageshöchsttemperaturen (°C): Antofagasta, Punta Arenas
Durchschnittliche Niederschläge (mm): Antofagasta, Punta Arenas

Entfernungen in Kilometer	Arica	Antofagasta	Castro	Concepción	Copiapó	Iquique	La Serena	Osorno	Puerto Montt	Santiago	Temuco	Valdivia	Valparaíso
Arica	·	701	3368	2583	1247	312	1579	3092	3199	2051	2829	2881	2124
Antofagasta	701	·	2584	1881	565	492	899	2312	2415	1368	2042	2205	1330
Castro	3368	2584	·	822	2019	3056	1687	265	176	1214	496	373	1335
Concepción	2583	1881	822	·	1319	2357	987	555	658	515	286	448	636
Copiapó	1247	565	2019	1319	·	1049	332	1750	1853	804	1474	1641	766
Iquique	312	492	3056	2357	1049	·	1378	2780	2887	1845	2517	2672	1812
La Serena	1579	899	1678	987	332	1378	·	1418	1521	472	1142	1309	437
Osorno	3092	2312	265	555	1750	2780	1418	·	105	946	247	107	1065
Puerto Montt	3199	2415	176	658	1853	2887	1521	105	·	1044	372	209	1168
Santiago	2051	1368	1214	515	804	1845	472	946	1044	·	673	835	119
Temuco	2829	2042	496	286	1474	2517	1142	247	372	673	·	162	793
Valdivia	2881	2205	373	448	1641	2672	1309	107	209	835	162	·	958
Valparaíso	2124	1330	1335	636	766	1812	437	1065	1168	119	793	958	·

Die 2800 Bewohner von Hanga Roa, dem Hauptort der Osterinsel, sind die Nachfahren polynesischer Siedler.

Üppig bunt und verführerisch leuchtet das Angebot an Gemüse und Früchten auf dem Hauptmarkt von Santiago.

Viña Cousino, das älteste Weingut Chiles am östlichen Stadtrand von Santiago, lädt ein zum Verkosten und Kauf von köstlichen Weinen.

Mapuche-Frau vor ihrem strohgedeckten Holzhaus. Sieben Prozent der Bevölkerung Chiles gehören diesem Indiostamm an.

Auch nachts gibt sich Santiago de Chile weltstädtisch, rollt auf der Alameda der Verkehr.

Die Weite und Erhabenheit der Landschaft Patagoniens ist sprichwörtlich, hier am Gletschersee Grey Lake im beeindruckend schönen Torres del Paine-Nationalpark.

Der Staat. 1988 stimmte die Mehrheit des chilenischen Volkes gegen die Verlängerung der Amtszeit Pinochets bis 1997. Nach 16 Jahren Militärdiktatur wurde Chile 1989 wieder eine präsidiale Republik. Die erste Präsidentenwahl gewann der Kandidat des oppositionellen Parteienbündnisses Concertación de Partidos por la Democracia (CPPD), der Christdemokrat P. Aylwin, der die Demokratisierung Chiles vorantrieb. Eine erfolgreiche Wirtschaftspolitik führte bei den Parlaments- und Präsidentschaftswahlen im Dezember 1993 erneut zu einem Sieg der CPPD. Der Christdemokrat E. Frei, dessen Vater 1964-1970 bereits das Amt des Präsidenten bekleidet hatte, löste Aylwin im März 1994 als Staatschef ab. Die Präsidentschaftswahlen 2000 (seitdem Direktwahl des Staatsoberhaupts für 6 Jahre) gewann der Sozialist Ricardo Lagos Escobar als Kandidat der CPPD. Wirtschaftlich ist Chile inzwischen dank seiner modernen Industrie und eines gut ausgebauten Dienstleistungssektors eines der leistungsfähigsten Länder in ganz Lateinamerika und der größte Kupferexporteur der Welt.

Bevölkerung. Chile hat rund 15,5 Millionen Einwohner, von denen in Santiago rund 4,5 Millionen leben. Die Bevölkerung konzentriert sich zwischen Illapel und Concepción (rund 80 Prozent). Richtung Süden nimmt die Bevölkerungsdichte rapide ab (ca. 1,1 Einwohner pro Quadratkilomenter in der Provinz Mallanes mit der Hauptstadt Punta Arenas). Den überwiegenden Teil der Bevölkerung bilden Mestizen, Mischlinge aus Indios und Nachfahren der Conquistadores. Dabei handelt es sich meist um direkte Nachfahren der Einwanderer aus Spanien und Italien. Der Süden dagegen wurde von den deutschen Immigranten dominiert. Viele Straßen- und Gebäudenamen bezeugen dies noch heute. Im Süden siedelt auch die einzige indianische Ethnie, die den Völkermord an den Ureinwohnern überstanden hat: die Mapuche. Etwa eine halbe Million Mapuche leben heute zwischen dem Fluß Rio Bio Bio und dem Vulkan Osorno von Land- und Holzwirtschaft und allem, was die Erde hergibt. Die Angaben, wie hoch der Anteil der Mapuche an der chilenischen Bevölkerung tatsächlich ist, schwanken zwischen 0,5 und 1,4 Millionen. Noch immer kämpfen sie um die Rückgabe ihrer ursprünglichen Territorien; ihre Sprache, das Mapung-Don, wird offiziell nicht anerkannt.

Ein faszinierendes Naturerlebnis ist der Besuch des Nationalparks Fray Jorge mit seinem subtropischen Regenwald.

AUSKUNFT/EINREISE-BESTIMMUNGEN

Für die Einreise nach Chile ist ein mindestens noch sechs Monate gültiger Reisepass erforderlich. Bei der Einreise erhalten Deutsche, Österreicher und Schweizer kostenlos eine Touristenkarte (*tarjeta de turismo*), die zum Aufenthalt von maximal 90 Tagen berechtigt. Angehörige anderer Nationalitäten und Personen, die länger als 90 Tage in Chile bleiben möchten, können die Visabestimmungen bei den chilenischen Konsulaten erfragen: erste Informationen und Adressen unter www.embajadaconsuladoschile.de.

Wichtig: Die Touristenkarte muss beim Verlassen des Landes zurückgegeben werden. Sollten Sie diese verloren haben, können Sie die Karte bei der Policía Internacional (General Borgoño 1052) in Santiago bzw. in einer Dienststelle der Polizei (Carabineros) in den Regionen ersetzen lassen. Bei der Ausreise ohne Touristenkarte muß mit Schwierigkeiten und einer Geldstrafe gerechnet werden.

Informationen über Land und Leute sowie Reisemöglichkeiten erhält man bei:

Die chilenische Variante der nordamerikanischen Cowboys oder der argentinischen Gauchos sind die Huasos.

Pro Chile
Kleine Reichenstraße 1/IV
D-20457 Hamburg, www.chileinfo.de

Servicio Nacional de Turismo (SERNATUR)
Avenida Providencia 1550, Casilla 3927,
CL-Santiago de Chile,
Internet: www.sernatur.cl oder
www.visit-chile.org

Botschaft der Republik Chile
Deutschland
Mohrenstraße 42, D-10117 Berlin
E-Mail: embachilealemania@echileberlin.de
Internet: www.embajadaconsuladoschile.de

Österreich
Lugeck 1/III/10, A-1010 Wien
E-Mail: echileat1@chello.at

Schweiz
Eigerplatz 5, 12. Stock, CH-3007 Bern
E-Mail: embajada@embachile.ch

Stolze Mapuche-Frauen bei ihrem traditionellen Tanz zu monotoner Trommelbegleitung. Bis zur Ankunft der Spanier herrschte bei diesem Indiostamm das Matriarchat.

KLIMA UND REISEZEIT

Das Land hat viele Reisezeiten, am günstigsten aber ist der chilenische Sommer von Anfang Dezember bis Mitte März. Denn wie in einem Mikrokosmos gelangt man in Chile durch sämtliche Klimazonen, von der subtropischen Trockenzone bis zur Subantarktis, und alle erweisen sich in dieser Zeit am angenehmsten. Das Klima wird in sechs Zonen aufgeteilt: Die Küstenkordillere schirmt im Großen Norden Steigungsregen gegen die Atacama-Wüste ab und sorgt für hohe Luftfeuchtigkeit in den Küstenstädten, denen der kalte Humboldtstrom ganzjährig angenehme Temperaturen verschafft.
Die Atacama gilt als die trockenste Wüste der Welt und weist extreme Temperaturschwankungen auf.
Semiarides Klima bestimmt den Kleinen Norden, die Temperaturen liegen niedriger, die Niederschlagsmenge steigt.
Schöne lange Sommer und kurze regenreiche Winter zeichnen Mittelchile aus. Die Saison in Santiago dauert von Anfang November bis Ende März, wobei hier die Smogmonate Juli/August, zum Teil auch der Dezember am wenigsten attraktiv sind. Der Kleine Süden ist sehr regenreich und hat milde, sonnige Sommer. Beste Reisezeit: Mitte Dezember bis Mitte März.
Chiles Großer Süden (Westpatagonien) ist zwar ein Paradies aus Eis, aber es wird auch hier manchmal warm. So hat der Parque Nacional Torres del Paine ein besonderes Klima, hier klettert das Thermometer im Sommer auch schon einmal auf 25 Grad. Allerdings muß man sich auf heftigste Wetterwechsel innerhalb kürzester Zeit einstellen. Nachtfröste sind häufig und die kräftigen Winde meist eisig. Beste Reisezeit: Mitte Dezember bis Anfang März.

GESUNDHEIT

Besondere Impfungen sind nicht vorgeschrieben, jedoch sind Tetanus- und Hepatitis-Impfungen empfehlenswert. Wenn die Algenerkrankung »marea Roja« den südlichen Pazifik heimsucht, muß auf Meeresfrüchte verzichtet werden. Ansonsten gilt: Nur abgekochtes Wasser zum Trinken und Zähneputzen verwenden, Obst nur geschält, Fleisch und Fisch sowie Gemüse nur völlig durchgegart verzehren.
In Arktisnähe ist ein hoher Sonnenschutz zwingend. Zur besseren Verträglichkeit der ungewohnten Küche empfehlen die Chilenen selbst Kamillentee, den man nach dem Essen trinken sollte. Die Städte sind mit Apotheken gut bestückt, doch in abgelegenen Gegenden sind Medikamente Mangelware. Auf jeden Fall sind eine gut ausgestattete Reiseapotheke und eine Reisekrankenversicherung sowie eine Reiserückholversicherung ratsam.

ANREISE

Chiles nationale Fluggesellschaft heißt Lan Chile (LA) (Internet: www.lanchile.com). Sie fliegt täglich ab Frankfurt über Madrid nach Santiago de Chile. Tägliche Direktflüge nach Santiago de Chile bietet Lufthansa (www.lufthansa.de) von Frankfurt/Main aus. *Durchschnittliche Flugzeiten:* Frankfurt – Santiago de Chile: 17 Std. 15 (mit zwei Zwischenlandungen); Wien – Santiago de Chile: 18 Std; Zürich – Santiago de Chile: 17 Std.
Der Flughafen Santiago de Chile (SCL) (Comodoro Arturo Merino Benitez) liegt 21 km westlich der Stadt (Fahrzeit 30 Min.). Es gibt einen Kleinbus-Transfer für max. 9 Personen im 24-Stunden-Service, der über die Fluggesellschaft oder durch Privatunternehmen organisiert wird. Aufgrund der relativ hohen Sicherheit des Landes ist Chile als Reiseland bei vielen Veranstaltern von Fernreisen im Programm, die u.U. auch besonders günstige Flugarrangements treffen können.

Oben: Diese einsame Schotterpiste führt zur Gebirgsflußoase Socaire, südlich von San Pedro de Atacama.

Mitte: An die hundert heiße Quellen sprudeln bei den Tatio-Geysiren im hohen Norden Chiles aus der Erde, einige stoßen jeweils in den frühen Morgenstunden meterhohe Fontänen aus.

Mit dem Flugzeug: Regelmäßiger Linienflugverkehr besteht zu den Großstädten, besonders wochentags sind die Verbindungen gut. Der Süden ist am besten per Flugzeug erreichbar, Vorausbuchung wird empfohlen. Die Inlandflüge werden von der chilenischen Fluggesellschaft Lan Chile (LA) sowie von einigen Lufttaxigesellschaften angeboten. Lan Chile verbindet Santiago de Chile außerdem regelmäßig mit der Osterinsel auf dem Flug nach Tahiti. Zwischen November und Februar wird viermal wöchentlich ein Flug angeboten; zu anderen Jahreszeiten nur zweimal wöchentlich. Vorausbuchung wird empfohlen. Flugzeit: 5 Std. 20 Min. Von Valparaíso und Santiago de Chile gibt es im Sommer tägliche Lufttaxiverbindungen zu den Juan-Fernández-Inseln.
Airpässe: Es gibt ein Visit Chile Ticket, das einen Monat landesweit gültig ist. Jede Stadt darf nur einmal angeflogen werden, in Santiago de Chile darf nicht umgestiegen werden. Der Preis hängt von der Anzahl der Flugziele und der Klasse ab. Die Tickets können nur im Ausland gekauft und die Flüge müssen lange im Voraus gebucht werden. Man erhält Gutscheine, die in jedem Verkaufsbüro der Lan Chile gegen Tickets eingetauscht werden können. Eine Rückvergütung ist nur vor Reiseantritt möglich. Umbuchungen sind nach Reiseantritt gegen eine Gebühr von ca. 30 US-$ möglich. Die Städte der einzelnen Routen können in frei gewählter Reihenfolge angeflogen werden. Ein Flug auf die Osterinsel im Rahmen dieses Angebotes ist nur bei anschließendem Interkontinentalflug nach Süd- oder Nordchile mit Lan Chile möglich.

Mit der Bahn: Bedingt durch die Topografie und die Verteilung der Bevölkerung existieren nur wenige Strecken mit Personenverkehr. Fernverbindungen: Zwischen Santiago de Chile und Temuco täglich (im Sommer zweimal täglich); Santiago de Chile – Concepción – Talcahuano täglich; Santiago – Talca – Chillán mehrmals täglich: Diese Züge sind relativ modern und klimatisiert, besitzen zwei Wagenklassen, aber keine Schlafwagen.

Mit dem Bus: Das Straßennetz ist gut und umfaßt 79 593 Kilometer. Die Panamerikana führt 3600 Kilometer von der peruanischen Grenze bis Puerto Montt. Fernbusse fahren regelmäßig auch in entlegene Regionen. Intercity-Busse sind preiswert und zuverlässig. Es gibt eine bequeme Nord-Süd-Verbindung. Die meisten Langstreckenbusse bieten WCs und Erfrischungen. Im dünn besiedelten Chile lassen sich Busse auf den großen Landstraßen problemlos anhalten.

Mit dem Boot: Eine Reisevariante für die Carretera Austral ist eine dreitägige Bootsfahrt von Puerto Montt nach Puerto Natales. Auch kürzere Bootstouren sind attraktiv, z.B. von Puerto Chacabuco oder Puerto Montt zur Laguna San Rafael (mit Gletscher). Auch die Isla Chiloé ist mit der Carretera Austral verbunden. Nach Povenir/Feuerland verkehrt eine Fähre von Punta Arenas aus. Sehr lohnend: eine Fahrt zwischen Chile Chico und Puerto Ibanez auf dem Lago General Carrera. Anbieter von Schiffahrten in Chile sind Patagonia Connection (Internet: www.patagonia-connection.com), Cruceros Australis (Internet: www.australis.com), Naviera Magallanes NAVIMAG (Internet: www.navimag.cl) und Transmarchilay (Internet: www.transmarchilay.cl).

Am Wendekreis des Steinbocks. Die Linea del Tropico liegt genau auf 23,5° südlicher Breite und markiert auf der Südhalbkugel das Ende der Tropen. In Chile führt sie durch die Atacama-Wüste.

Mit dem PKW: Mietwagen sind an Flughäfen und in größeren Städten erhältlich. Das Mindestalter für Mieter/Fahrer beträgt 25 Jahre. Neben dem nationalen Führerschein muss auch ein internationaler Führerschein vorgelegt (und bei der Fahrt mitgeführt) werden. Die Gebühren setzen sich aus dem Tagessatz, Kilometergeld und 20% Steuern zusammen. Meist müssen auch relativ hohe Kautionen hinterlegt werden. Eine Kreditkarte ist für die Anmietung erforderlich. Eine Vollkaskoversicherung ist meistens nicht inbegriffen. Straßenkarten erhält man vom Automóvil Club de Chile, Avenida Vitacura 1753, Santiago de Chile. In abgelegeneren Gebieten sollte man Reservekanister mit Benzin und Ersatzreifen dabeihaben.

Ein einmaliges Naturschauspiel erlebt, wer die Geysire von El Tatio (etwa 100 Kilometer nördlich von San Pedro de Atacama) besucht. Da die Geysire ihre Aktivität allmorgendlich pünktlich zu Sonnenaufgang beginnen, sollte man früh aufbrechen, um rechtzeitig an Ort und Stelle zu sein.

Die Schotterpisten im Süden, oft rutschig und nach Regenfällen manchmal unpassierbar, stellen an Fahrer und Fahrzeuge hohe Ansprüche. Wer im Altiplano unterwegs ist, muß mit schlechter Beschilderung rechnen.

ÜBERNACHTEN

Hotels: Landesweit gibt es ein breites Spektrum von Unterkünften. Sie sind in Kategorien von 5-2 Sterne unterteilt. Fehlende Hoteleinrichtungen werden durch die gemütliche Atmosphäre wettgemacht. In ländlichen Gebieten kommt es öfter vor, daß der Eigentümer oder Leiter mit den Gästen ißt. Während der Hauptsaison sollte man in den Urlaubsorten unbedingt rechtzeitig buchen. Hotelpreise in Santiago und Punta Arenas sind deutlich teurer als in anderen Landesteilen. In der Hauptsaison (Januar bis März) liegen auch die Übernachtungspreise in Valparaíso, Viña de Mar und anderen Urlaubsorten höher. Auf alle Hotelrechnungen wird eine Mehrwertsteuer von 18 Prozent aufgeschlagen. Für schmalere Budgets sind die zahlreichen *residenciales*, kleine, meist sehr saubere und freundliche Familienpensionen, zu empfehlen. Weitere Informationen erteilt: HOTELGA, Nueva Tajamar 481, Of. 806, North Tower, CL-Santiago, Tel. (02) 203 66 25. Fax: (02) 203 66 26.
Camping: Zeltplätze gibt es landesweit. Die offiziellen Zeltplätze sind teuer, eine Liste ist bei der Botschaft erhältlich.

ESSEN UND TRINKEN

Die chilenische Küche ist deftig, eiweißreich und nahrhaft. Landesweit typisch sind *Empanadas* (Pasteten mit Fleisch, Geflügel oder Fisch und Zwiebeln, Eiern, Rosinen und Oliven), *Humitas* (gewürzte Maispaste in Maisblättern eingerollt und gekocht), *Cazuela de Ave* (Suppe mit Reis, Gemüse, Huhn und verschiedenen Kräutern), *Bife a lo Pobre* (Steak mit Pommes Frites, gebratenen Zwiebeln und Spiegelei) und *Parrillada* (eine Auswahl von auf dem Holzkohlengrill gegrilltem Fleisch). Meeresfrüchte sind ebenfalls ausgezeichnet. Bekannt sind die Hummer der Juan-Fernández-Inseln. Abalonen, Seeigel, Venusmuscheln, Krabben und riesige Choros (Muscheln) werden auch oft angeboten. Nichts für schwache Mägen sind *Mariscales*, Platten mit rohen Meeresfrüchten. Die gekochte Version heißt «*paila marina*» und schmeckt genauso gut. Neben Reis und Kartoffeln ist *Palta* eine beliebte Beilage, eine Creme aus Avocados. Zudem gibt es viele regionale Spezialitäten, im Süden sogar deutsche Schweinshaxe.
Getränke: Chile bietet viele international preisgekrönte Rot- und Weißweine. *Pisco* ist ein hochprozentiger Schnaps aus destillierten Trauben. Der süße braune *Chicha* und *Aguardiente*, ein Branntwein, werden ebenfalls aus Trauben hergestellt. Bier ist im ganzen Land erhältlich.

Oben: Das weltabgeschiedene Hotel «Termas Puyuhuapi» an der Carretera Austral besitzt ein herrliches Thermalschwimmbad.

Links: Das von Bewohnern der Osterinsel gefertigte Kunsthandwerk ist begehrtes Tou-ristensouvenir.

Rechts: Muster, die Geschichten erzählen. Auf der Osterinsel ersetzten in Holz gekerbte Zeichen, genannt «Rongo Rongo», die Schrift.

FESTE UND FEIERTAGE

Als katholisches Land begeht Chile die Feste des Kirchenkalenders in gebührender Weise. Am Gründonnerstag, Karfreitag und Ostersamstag ruht die Arbeit, der Ostermontag dagegen wird nicht den Feiertagen zugerechnet, ebenso wenig wie der Pfingstmontag. Fronleichnam (Corpus Christi), Peter und Paul am 29.6., Mariä Himmelfahrt (*Asunción*) am 15.8., 3.–4.10. Franziskus von Assisi-Feiertag, Allerheiligen (*Todos los Santos*) am 1.11. und der Tag der Unbefleckten Empfängnis (*Immaculada Concepción*) am 8.12. sind offizielle Feiertage, ebenso wie der 25.12., Weihnachten (*Navidad*) und Neujahr (*Ano Nuevo*). Lokalen Festen begegnet man im ganzen Land, am üppigsten ist der Festkalender von Chiloé.
Nationale Festtage sind: 21.5. Seeschlacht von Iquique, 11.9. Tag der nationalen Befreiung, 18.9. Nationalfeiertag, 19.9. Tag des Heeres, 12.10. Tag der Entdeckung Amerikas.

SPORTAKTIVITÄTEN

Man muß ja nicht gleich einen der zahlreichen Vulkane mit dem Mountainbike hinaufradeln, kann sich aber auf ein vielseitiges Sportangebot freuen. Wanderer und Trekker kommen in Chile fast überall auf ihre Kosten, ob im Regenwald, auf den Bergen oder in den Nationalparks. Die Wanderwege sind gut ausgeschildert, die staatliche Forstbehörde CONAF hält zahlreiche Karten und Pläne bereit. Ferienorte mit einem umfangreichen Sportangebot finden sich vor allem im Süden.
In Puerto Varas und Pucon kann man trekken, raften, segeln, reiten (auch auf Wochenrouten durch sehr malerische, abgelegene Gegenden). Reiten und Radfahren läßt es sich auch auf der Carretera Austral und in San Pedro de Atacama. Windsurfer haben die Küste von Iquique als ihr Revier entdeckt und mit einer entsprechenden Infrastruktur versehen. Die strandbegeisterten Chilenen pilgern im Sommer an die Küste.

Rechts oben: Aufbruch vom Basislager – Bergsteiger finden in Chile ihr «andinistisches Dorado».

Rechts unten: Angler werden ihre helle Freude haben. Solche Prachtexemplare sind in Chiles Flüssen und Seen keineswegs eine Seltenheit.

DIE ISLAS JUAN FERNÁNDEZ

Die Geschichte von *Robinson Crusoe*, dem weltbekannten Schiffbrüchigen, schrieb zuerst das Leben, bevor sich Daniel Defoe ihrer annahm. Der Schriftsteller ließ sich durch das Vorbild des schottischen Seemanns *Alexander Selkirk* inspirieren, der 1704 von dem Kapitän eines Kaperschiffes auf dem Archipel der Islas Juan Fernández ausgesetzt wurde.

Die felsige Inselgruppe liegt etwa 650 Kilometer von der chilenischen Küste entfernt, auf der Höhe von Valparaíso, und weist ganz besondere Schätze auf: eine wirklich unvergleichliche Fülle endemischer Pflanzen, eindrucksvolle Baumfarnwälder und äußerst wohlschmekkende Hummer, von deren Export ein Großteil der Bevölkerung in der Hauptstadt Juan Batista lebt.

Gute Schwimmmöglichkeiten bieten darüber hinaus die vielen Seen im südlichen Chile, während die nördlichen Küstenabschnitte das ganze Jahr über für Badeferien geeignet sind. Skifahrer kommen im Vale Nevado und in Portillos bei Santiago auf ihre Kosten, und die Torres del Paine bieten wohl ein in jeder Hinsicht exklusives Terrain für Bergsteiger.

Für Freunde des Kajaksports gibt es spezielle Tourenangebote, u.a. im Agostini-Fjord und in den Fjorden von Feuerland. Außerdem sind die Fjorde im Süden Chiles ein Dorado für Segler. Abenteuerliche Segelturns werden z.B. von Puerto Natales aus bis zum Serrano Gletscher angeboten. (Anfragen u.a. unter: turismo yamana.cl, englisch oder spanisch). Einige chilenische Reiseveranstalter haben sich u.a. auf die Organisation (inkl. Ausrüstung) von Kajak- und Trekkingtouren sowie Wintersportangebote spezialisiert, zum Beispiel: www.amazingtourchile.cl (auch in deutscher Sprache); info@amazingtourchile.cl

SEHENSWERTE ORTE VON A BIS Z

Ziffern im Kreis verweisen auf die Karte auf Seite 47.

Antofagasta ①. Ein gefundenes Fressen für Pelikane ist der Fang auf der bunten Holzbootflotte vor dem Fischmarkt. Gegenüber vom Markt setzen sich die Sehenswürdigkeiten der Hauptstadt der 2. Region fort: In den ersten beiden Blocks der *Calle Bolívar* liegen die Häuser der ehemaligen Salpeterminenarbeiter. Um die einstige Eisenbahnstation FCAB gruppieren sich die pittoresken Häuser der damals leitenden Angestellten.

Antofagastas Blütezeit ist an den *Salpeterboom* (1880–1920) geknüpft, der ihm eine internationale Einwohnerschaft bescherte. Der *Glockenturm* auf der zentralen Plaza Colón stammt aus England, den *Musikpavillon* hat die slawische Gemeinde gestiftet. Ansonsten gibt sich Antofagasta sehr südländisch. Sehenswert ist auch die Silberscheideanstalt *Huanchara* im Süden. Im Norden liegt das Wahrzeichen von Antofagasta: der Kalksteinbogen der *Portada* draußen im Meer. Die schönen Stadtstrände sind erschlossen.

Arica ②. Die nördlichste Stadt Chiles gehörte ursprünglich gar nicht zu Chile. Die als *Guerra del Pacifico* (1879–1881) bekanntgewordene kriegerische Auseinandersetzung zwischen Chile und Bolivien/Peru brachte umfangreiche und ökonomisch bedeutsame Gebietsgewinne für Chile, denn dort befanden sich die Lagerstätten des damals kostbaren Salpeter.

Der Ausblick vom *Cerro Morro* auf den Hafen und die so fruchtbare Taloase Valle de Lluta im ansonsten wüstenhaften Stadthintergrund ist äußerst imposant. Das recht moderne, luftige Arica wirbt mit seinen Stränden und seinen das ganze Jahr über frühsommerlichen Temperaturen. Die vorhandene Hotellerie und Gastronomie machen es zu einem idealen Standort für Ausflüge zum höchstgelegenen Vulkansee der Welt, dem *Lago Chungará* an der Grenze zu Bolivien, den malerischen Andendörfern *Putre* mit stolzen 400 Jahren auf dem

Die älteste Adobekirche im Bezirk Arica in Pocouchile wurde 1605 erbaut.

Buckel und *Parinacota* sowie zu den Geoglyphen und den Resten von Indianerfestungen im Valle de Azapa.

Calama/Chuquicamata/Chiu Chiu ③. Die »Schlafstadt« für die Arbeiter in der weltgrößten oberirdischen Kupfermine Chuquicamata ist alles andere als müde. Das lässige, aktive, hitzige *Calama* am Río Loa, größte Oase der Präkordillere, hat keine ausgesprochenen Sehenswürdigkeiten, aber gute Restaurants und Hotels. Die Umgebung lockt mit spannenden Ausflugszielen. *Chuquicamata* liegt 15 Taximinuten entfernt (Minenführung täglich um 9.45 Uhr). Die winzigen, abgeschiedenen Oasendörfchen entlang des Loa mit den typischen Lehm-

Links: Dem Himmel entgegen streckt sich das dreistöckige englische Uhrtürmchen auf der Plaza Arturo Prat in Iquique.

und Strohkirchen, *Chiu Chiu*, *Caspana*, *Toconce* und *Aiquina*, erinnern an die vergangene Atacama-Kultur.

Carretera Austral ④. Landschaftlicher Höhepunkt tief im unwegsamen Süden: Die Carretera Austral, erst 1976 projektiert, schneidet sich auf 850 Kilometern parallel zu der größten zusammenhängenden Eismasse nördlich der Antarktis, dem *Campo Hielo del Sur*, durch kalten Nebelwald, an tief gesplitterten Küsten vorbei und verbindet die spärlichst gestreuten Siedlungen. Blauschillernde Gletscher züngeln fast auf die Straße, üppige Farne und Wälder säumen die Schotterwege. Mit dem *Río Futaleufú* verfügt die Carretera über ein attraktives Rafting-Ziel. Campingplätze nehmen die Spezialisten auf. Der herrlich von Gletschern eingerahmte *Lago Yelcho* gilt als der schönste See Chiles, die Höhlen am *Lago General Carrera* bestehen aus purem Marmor. Das größte Übernachtungsangebot haben *Coyhaique* und *Chaitén,* man findet aber auch an attraktiven Plätzen Pensionen, Cabañas und Hotels. Tip: das Hotel »Termas de Puyuhuapi«, ein wunderschön gelegener Holzbau mit eigenem Thermalbad.

Iquique ⑤. Wie vom heftigen Pazifikwind hingepustet wirken die zierlichen Holzbauten Iquiques, die von seiner Blütezeit während des Salpeterbooms (1880–1920) künden. In dem menschenleeren, lebensfeindlichen Norden war am Meer ein munteres Städtchen entstanden. Danach über längere Zeit nicht gerade ein Höhepunkt touristischen Interesses, Zoll-Freihandelszone und Standort der Fischmehlindustrie, haben es Windsurfer zu ihrem neuen Mekka erkoren. Angenehme Ferienhotels und Restaurants findet man auf der südlich der Stadt gelegenen Halbinsel Gavancha. Die *Avenida Baquedano* im Stadtzentrum versammelt die ansehnlichsten Villen, hübsch ist die *Plaza Prat* mit dem schönen Restaurant »Club Español«, einer maurisch-barocken Innenarchitekten-Phantasie.
Besuche der *Salpeteroficinas* und des Oasenortes *Pica* werden von Reisebüros organisiert. Ein besonderer Leckerbissen für Naturliebhaber ist der *Parque Nacional Isluga*, der hoch in die Welt des *altiplano* und der Vulkane, der Flamingos und Vicuñas entführt.

Isla de Chiloé ⑥. Einen eigenen Kosmos bildet der in einer etwa zwanzigminütigen Schiffspassage von Puerto Montt aus erreichbare Archipel Chiloé, ein Teil der im Meer versunkenen Küstenkordillere. Die Hauptinsel und die wie zersplittertes Glas ins Wasser gestreuten Nebeninselchen eint ein besonderes Aussehen. Sanfte grüne Hügel, von Feldern bedeckt und mit einem urwaldreichen Nationalpark, erinnern Besucher an Irland. Und doch ist Chiloé wild: Die von tiefen Fjorden durchschnittene Cordillera de Pirulil im Süden nimmt fast die Hälfte der Inseloberfläche ein.
Die Chiloten sind wahre Künstler des Schindel-Holzbaus. Besonders anziehend wirken die verschindelten Kirchen der Franziskanermissionen aus dem 18. Jahrhundert, die – zierlich, säulengestützt, ohne ein einziges Metallstück – wie Sterne über die kleinen Ortschaften (Rilán, Chonchi, Achao, Detif, Quinchao, Tenaún, Nercón) verstreut sind. Das blühende Kunstgewerbe bildet eine weitere Attraktion. Eine vielfältige Auswahl erhält man auf der Feria Artesanal im Hafen der hübschen Hauptstadt *Castro* und auf

Oben: Typisch für die Architektur der Insel Chiloé ist dieses über und über mit farbigen Schindeln bedeckte Haus in Chacao.

dem quirligen Sonntagsmarkt in *Dalcahue*. Um die Inselwelt zu erkunden, empfehlen sich eintägige Bootsausflüge von Dalcahue aus, die in Castro und Ancud angeboten werden. Das von Castro in einer halbstündigen Fahrt zu erreichende *Chonchi* illustriert am eindrucksvollsten die Kunstfertigkeit der Holzarchitektur; in Castro selbst sind die Pfahlbauten, *palafitos,* sehenswert.

Lago Llanquihue ⑦. Der klare See mit einer Fläche von 850 Quadratkilometern, Mittler zwischen Seenregion und Meer, liegt zu Füßen des perfekt geformten Osorno-Vulkans (2652 Meter). Mehrere reizende Ferienorte säumen seine Ufer, das fast altmodische *Frutillar,* in bescheidenerem Maße *Llanquihue* und *Puerto Octay*. *Puerto*

Varas mit jungen Rucksacktouristen, Kasino und wunderschönen verblaßten Holzhäusern kristallisiert sich als neuer und ausgesprochen lohnender Ausgangsort für Sport-, Abenteuer- und Ökotourismus heraus.

La Serena/Valle del Elqui ⑧. Dort, wo sich Küstenkordillere und Andenkordillere miteinander verbinden und Quertäler die Landschaft strukturieren, liegen das heitere La Serena und das Elqui-Tal, dem magische Qualitäten nachgesagt werden (angeblich kosmische Vibrationen). Die Orte bilden das Zentrum des Kleinen Nordens mit dem biologischen Phänomen der »blühenden Wüste«. Wenn es hier regnet, sind Hänge und Senken mit frischen Kräuterteppichen überzogen. Das koloniale Erscheinungsbild *La Serenas* verdankt sich der Initiative des berühmtesten Stadtsohnes, González Videla, der Ende der vierziger Jahre zum Präsidenten von Chile gewählt wurde und seiner Heimatstadt Geldquellen zur Instandhaltung und Neugestaltung der Stadtarchitektur erschloß. Das *Museo Arqueológico* vermittelt Einblicke in die Kultur der Diaguitá-Indianer. In den Sommermonaten boomen die kilometerlangen Sandstrände.

Das fruchtbare *Elqui-Tal* versorgt halb Chile mit Papayas, Tomaten, Chirimoyas, Limetten, mit Sellerie, Paprika und Kartoffeln. Die über eine Abzweigung zu erreichende Sternwarte *Tololo* auf über 3000 Meter Höhe kann man besuchen, wenn man sich zwei Monate im voraus bei ihrem Büro in La Serena anmeldet (Tel. 051/225415). Kleine staubige Örtchen versinken in dieser grandiosen Kulisse, die auf Argentinien zuführt. In *Monte Grande* arbeitete Gabriela Mistral als Lehrerin, in *Pisco Elqui* wird der Pisco-Schnaps hergestellt. Schule und Fabrik sowie das Grab der Literaturnobelpreisträgerin in Monte Grande stehen Besuchern offen. Im Geburtsort der Mistral, dem fast schon städtischen *Vicuña,* kann man übernachten.

Häufig stehen die so malerisch wirkenden Pfahlbauten an der Küste der Isla de Chiloé mit ihren «Füßen» im Wasser. Die Differenz zwischen Ebbe und Flut kann hier bis zu 7 Meter betragen.

Osorno/Valdivia ⑨. Die Wege der beiden Zentren der deutschen Kolonisation Mitte des 19. Jahrhunderts sind unterschiedlich verlaufen, was sich im Stadtbild manifestiert. *Osorno* als landwirtschaftlicher Mittelpunkt wirkt bäuerlich, behäbig und nicht besonders wohlhabend, hat eine Straßenzeile hübscher alter Holzverandahäuser an der Calle Juan Mackenna, freundliche Hotels und eine nette Plaza.

Die Gartenstadt *Valdivia* dagegen schwelgt in bescheidener Pracht mit einem lebhaften Flußhafen, sehenswerten alten Holzkonstruktionen und eleganten Villenvierteln. Hier hatten sich die Intellektuellen, Ärzte, Kaufleute und Künstler unter den deutschen Einwanderern niedergelassen. Einen umfassenden Überblick über Kultur und Kulturation der Stadt verschafft das *Museo Histórico y Antropológico,* das an der Uferpromenade Costanera liegt.

Besonders bei Naschkatzen genießt Valdivia einen außerordentlich guten Ruf, Schokolade und Marzipanfrüchte sind gleichermaßen souvenirverdächtig.

Fischfang ist eine der Haupterwerbsquellen der Bewohner von Ancud, der nördlichsten Stadt der Isla de Chiloé.

SONNE, MOND UND STERNE

Die Wüsten von Chile sind ein ausgezeichnetes Pflaster für die Beobachtung und Erforschung des Universums. Seit 1976 befindet sich auf über 3000 Meter Höhe im Valle del Elqui in *Tololo* das größte Teleskop der Welt mit einem Durchmesser von dreieinhalb Metern. Es kann Licht auffangen, das 14 Milliarden Jahre entfernt ist. Sein beweglicher Teil wiegt ungefähr 300 Tonnen und ist so fein ausbalanciert, daß man seine Mechanik mit den Fingern bewegen kann. Wissenschaftler sprechen von mindestens 200 Nächten pro Jahr ungehinderter Fernsicht ins Weltall.

Und nun hat ein Spiegelteleskop der europäischen Südsternwarte ESO für Furore gesorgt.

Eine Milliarde Mark wurde in das neue Observatorium investiert, und die Erwartungen sind natürlich dementsprechend hoch: Das 450 Tonnen schwere Very Large Telescope auf dem *Cerro Paranal* in der Atacama-Wüste soll so scharfe Bilder vom Universum liefern, wie dies bislang nur weltrauminstallierte Instrumente vermochten.

Osterinsel/Isla de Pascua ⑩. Siehe Themen-Essay auf Seite 44

Puerto Montt ⑪. Steil die Küste hinabführende Straßen, buntbemalte, windschiefe Holzhäuser, solide gebaute Handelshäuser aus dem letzten Jahrhundert mit verblaßter deutscher Aufschrift, postmodern gestaltete Einkaufsgalerías und der quirligste Fischmarkt Chiles im Stadtteil Angelmó sind die anziehenden Charakteristika der Hafenstadt Puerto Montt, deren Kulisse zu Füßen der

Die gewaltigen patagonischen Gletscherfelder kann man per Boot besuchen – ein Drink mit Original-Gletschereis ist inbegriffen.

Zauberhaft ist der Blick auf das am Esperanza-Fjord gelegene Hafenstädtchen Puerto Natales mit dem überwältigenden Panorama des wilden Paine-Massivs im Hintergrund.

Vulkane Osorno und Chalbuco schlicht einzigartig ist. Die frisch erworbene Prosperität verdankt die lange Zeit schlichte Hafenstadt dem Umstand, daß sie zum Exporthafen für die Holzbestände Südchiles und die neuentdeckte Erwerbsquelle Lachszucht avanciert ist. Eine Reihe neuer Bauten entstand. Für kulinarische Genüsse stehen das gemütlich-elegante «Balzac» und der Fischmarkt mit seinen *kioscos* zur Verfügung.

Puerto Montt ist Ausgangspunkt für die begehrten Drei-Tages-Fahrten durch die Glet-

Diese zierliche Statue schmückt La Serenas Avenida Francisco de Aguirre, die den Stadtkern mit dem Strand verbindet.

DIE KAMELE DER ANDEN

Die Spanier nannten sie *oveja*, Schaf. Für die alten indianischen Kulturen, für die Conquistadoren ebenso wie für die heutige Bevölkerung der Anden und der Hochebene, des *altiplano*, waren und sind sie lebenswichtig: *llama*, *alpaca*, *guanaco* und *vicuña*. Denn die kleinen Kamele versorgen die Bewohner mit Leder, Fleisch und Wolle.

Das Llama, domestizierbar, anspruchslos in der Ernährung, liefert etwa alle zwei Jahre vier Kilogramm grobe Wolle. Seidig und fein hingegen ist das Wollkleid des Alpaca, der kleineren Schwester, die sich ausnahmslos in den feuchten *bofedales* der Hochebenen ernährt. Zu Hunderten wird man das zierliche Guanaco im Torres del Paine-Nationalpark herumspringen sehen. Fast ausgerottet war der Bestand an Vicuñas, den nicht domestizierbaren kleinsten Andenkamelen, weil man hohe Preise für sein Leder und seine Wolle erzielte. Jene soll so zart sein, daß nur der Seidenwurm ihm Konkurrenz machen kann.

scherwelt Südchiles bis nach Puerto Natales. Von hier aus kann man zur Carretera Austral aufbrechen und die Region um den Lago Llanquihue erkunden. Zum Beispiel den Valdivianischen Nebelwald in der Umgebung von Cochamó.

Puerto Natales ⑫. Als Ausgangspunkt für Besuche des Nationalparks Torres del Paine verfügt das verträumt gelegene Städtchen über eine ansprechende Hotellerie und Gastronomie, die sich im Zuge des zunehmenden Tourismus stark erweitert hat. Vom großzügigen Vier-Sterne-Hotel «Costaustralis» über familiärere *hostales* wie das «Francis Drake» bis zu blitzsauberen, preiswerten *residenciales* reicht die Palette. In den Restaurants «Burbuja» und «Nuevo Marítimo» speist man *centollas*, die seltenen Seespinnen, im «Última Esperanza» Lachs.

In einer Halbtagesbootsfahrt ist der *Balmaceda-Gletscher* zu erreichen, zu besuchen sind auch die erste Siedlung der Gegend, *Puerto Prat*, und die *Cueva del Milodón*, die Höhle eines urzeitlichen Riesenfaultiers. An einem Tag kommt man auch in den *Parque Nacional Torres del Paine* und wieder zurück. Der landschaftlich spektakuläre Nationalpark rechtfertigt jedoch ohne weiteres eine Woche Aufenthalt, auch wenn sich die größten Sehenswürdigkeiten dem Durchreisenden offen präsentieren.

Punta Arenas ⑬. Die südlichste Stadt der Welt sonnt sich im unübersehbaren Glanz vergangener Wohlhabenheit, und nur wer sich die Mühe macht, sie halbwegs über Land zu erreichen, kann ermessen, wie abgeschieden Punta Arenas eigentlich liegt. Im schneereichen Süden mit nur zwei Monaten Sommer im Jahr haben sich die Schafbarone des späten 19. Jahrhunderts ein repräsentatives Parkett geschaffen. Einige ihrer Villen sind heute zu besichtigen, so der *Palacio Braun/Mendéndez* an der Calle Magallanes, der neben dem kostbaren Mobiliar auch ein Museum zur Stadtgeschichte beherbergt. Der *Palacio des José Nogueira* direkt an der zentralen Plaza de Armas wurde stilgerecht restauriert und in ein Hotel verwandelt. Wie reich Punta Arenas war, offenbart sich bei einem Rundgang durch den *Friedhof* mit seiner stattlichen Anzahl von Marmorgrabmälern. Das *Museo Salesiano Borgatello* (Av. Bulnes) vermittelt einen Einblick in die schwarzen Seiten der Geschichte: Die indianischen Stämme, die einst hier lebten, existieren nur noch in diesem Museum.

An der Magellanstraße entlang ist *Fuerte Bulnes* zu erreichen, eine wiederhergestellte Festung, die 1843 als Manifestation des chilenischen Besitzanspruchs auf dieses Terrain gebaut wurde. Zu Gletschern, Pinguinkolonien und den frühesten Siedlungen im chilenischen Patagonien verkehren Catamarane in Ganz- und Halbtagesausflügen.

Region de los Lagos ⑭. Viele halten sie für die attraktivste Zone des Landes: die Seen-Region im oberen Südchile. Eingebettet in Gletscher- und Vulkanlandschaften, schillern sie zwischen Temuco und Puerto Montt. Der Temuco am nächsten, zu Füßen des gleichnamigen Vulkans (2840 Meter) gelegene, ist der in touristischer Hinsicht entwickeltste See: Der Lago *Villarrica* lockt mit Campingplätzen und kleinen, zum Teil luxuriösen Hotels, die sich zwischen Brombeerhecken und Wäldchen am oberen, erschlossenen Teil des Sees verstecken. *Pucón* strahlt als Ferienhochburg. Betuchte Familien, nordamerikanische und europäische Sporttouristen und Hippies geben sich

Das Tal des Río Elqui ist eine typische Flußoase. Seine kakteenbestandenen Talflanken bilden einen grandiosen Kontrast zum sattgrünen Weideland in den Niederungen.

hier ein buntes Stelldichein. Östlich schließt sich der *Lago Caburgua* an, er hat zwei hübsche Strände mit Bungalows. Vom Lago Villarrica gelangt man schnell an den *Lago Calafquén* mit dem Sommerzentrum Licán Ray. Wunderschön, aber ziemlich anstrengend ist die Route über *Coñaripe*, den *Lago Pellaifa* und *Neltume* nach *Panguipulli*, da sie praktisch an vulkangeformten Landschaften entlangführt.

Glitzernde Salzkrusten säumen die Ränder der totenstillen Miscanti-Lagune in der Atacama-Wüste.

Der Vulkan Choshuenco (2415 Meter) bewacht den malerischen Weg durch dichte Wälder zur verwunschenen Schönheit des *Lago Pirihueico* und zum winzigen Holzhafen *Puerto Fuy*. Wenn man den See überquert, ist man in Argentinien.

Robinson-Crusoe-Insel/Islas Juan Fernández ⑮. Siehe Insert auf Seite 57

San Pedro de Atacama ⑯. Das in seinem Ensemble aus archaisch anmutenden, weißen Lehm- und Kaktusholzhäuschen ruhende San Pedro de Atacama hat in den vergangenen Jahren eine steile Karriere als Alternativ-Reiseziel gemacht. Die grandiose Lage zu Füßen des Vulkans Licancabur (5916 Meter) und eine Palette atemberaubender, gut zu erreichender Ausflugsziele haben es fest in der Touristengunst vor allem europäischer Gäste verankert.

Das Oasen-Örtchen am Rand der trockensten Wüste der Welt platzt aus allen Nähten, hat sein Aussehen aber bewahrt – schließlich ist das Bild der Weltenferne sein Potential. Ein Gewirr von lokalen Reiseveranstaltern beschäftigt sich damit, die Gäste zu den *Tatio-Geysiren* und in das bizarr-schöne *Valle de la Luna* zu bringen. Wundervoll ist auch eine Tour zur *Laguna Verde* in Bolivien und zum magisch in der Sonne glitzernden *Salar de Atacama* mit seinen Flamingo-Kolonien. Schotterstraßen über den *altiplano*, das mondhafte Hochplateau, verbinden San Pedro mit Argentinien. Im Ort selbst kündet eines der besten anthropologischen Museen Chiles von der lange zurückreichenden Besiedlung der Region durch die *atacameños*. Berühmt sind die ausgezeichnet erhaltenen Mumien.

Santiago de Chile ⑰. Den Kristallisationspunkt der Fünf-Millionen-Hauptstadt der «Preußen Südamerikas» bildet die *Plaza de Armas*. Kathedrale, Stadtverwaltung, die Paläste der bedeutendsten Bewohner umgeben den baumbestandenen «Waffenplatz» mit seinen Denkmälern. Musikpavillon und zahlreiche Parkbänke machen ihn zum beliebten Treffpunkt. Das *Nationalhistorische Museum* an der Plaza und das *Stadtmuseum* Ecke Plaza/Calle Merced sind beide in ehemaligen Palästen aus kolonialer Zeit untergebracht. Nördlich davon erinnern der *Mercado Central* und besonders die *Estación Mapocho* an die Stahlkonstruktionen des Architekten Gustave Eiffel. Am Fluß entlang liegen mehrere Museen im Parque Forestal, so das *Museo de Bellas Artes*, auf der anderen Flußseite erstreckt sich der *Parque de las Esculturas* mit Werken ausschließlich chilenischer Bildhauer. Den Raum zwischen Fluß und der Hauptachse von Santiago, der Avenida Bernardo O'Higgins, oder kurz Alameda, füllen Viertel mit typischen Residenzen des 19. und beginnenden 20. Jahrhunderts. Ruhige Viertel findet man hinter der ältesten Kirche Santiagos, *San Francisco* mit anschließendem Kolonialmuseum, an der Alameda/Ecke Londres. Das *Barrio París/Londres* besticht mit seinen Patrizierhäusern.

Cerro San Cristóbal und *Cerro Santa Lucía* verfügen über hohe Naherholungsqualitäten. Mit Springbrunnen und Schlößchen, schattigen Wegen und Terrassen, zieht der auch im heißen Sommer kühle Santa Lucía in den Abendstunden hauptsächlich Liebespärchen an. Vom Gipfel des Cerro San Cristóbal breitet die weiße Statue der Madonna der Unbefleckten Empfängnis schützend ihre Hände über die Stadt. Darunter

MUMIEN UND MUSEEN

Wer weiß, daß die ältesten Mumien der Welt nicht Ägypten, sondern Chile zuzurechnen sind? Das Museo Arqueológico von San Miguel de Azapa stellt sie aus. In der Chinchorro-Kultur (etwa 7000 v. Chr.) wurde allerdings nicht der Mensch konserviert, sondern dessen Gestalt und Gesicht. Man entfernte das Fleisch und bildete die Silhouette mit Stroh und Holz nach. In den wüstenhaften Hochebenen um Arica konnten sich die Mumien bis zum heutigen Tag erhalten.

Der belgische Jesuitenpater Gustave Le Paige ließ sich 1955 in San Pedro de Atacama nieder und entdeckte eine alte indianische Begräbnisstätte. Schnell war die Sammlerleidenschaft entflammt, und 1963 öffnete der erste Pavillon neben dem Wohnhaus des Padre seine Pforten: das Museo Antropológico war gegründet. Die Höhepunkte der Sammlungen sind hervorragend erhaltene Mumien und ein präkolumbischer Goldfund. Auffallend auch die Sorgfalt, die man für die Schilderung des heutigen Alltagslebens der Indios verwendet.

Rechts: Die etwa 2500 Jahre alte «Miss Chile» zählt zu den spektakulärsten Mumien des Museo Antropológico in San Pedro de Atacama.

Links: Wie ein grünes Band schlängelt sich das Tal des Río Grande durch die öde Mondlandschaft der Atacama-Wüste.

Links und rechts: Die Kathedrale von Santiago, erbaut 1780, wurde mehrmals durch Erdbeben völlig zerstört. Ihr dreischiffiges Inneres strahlt große Ruhe aus.

Rechts unten: Der lebendige Stadtteil Bellavista, das Künstlerviertel von Santiago, mit seinen engen Sträßchen, Cafés und Galerien ist für einen ausgedehnten Bummel wie geschaffen.

entfaltet sich das Künstlerviertel *Bellavista* zwischen bunten Häuschen. Galerien und Lapislazuli-Läden, Restaurants, Bars und Diskotheken haben hier Hochsaison. Die pittoreske *La Chascona* (Marquéz de la Plata 0192), einer der Wohnsitze Nerudas, türmt sich über drei Ebenen in die Höhe.

Temuco ⑱. Immer noch Grenzstadt ist das 100 Jahre alte Temuco südlich des BióBió. Es liegt inmitten der *frontera*, des ehemaligen Grenzlands zum Gebiet der Mapuche, und in einem aktiven Erdbebengebiet. Die deutsche Immigration im 19. Jahrhundert hat die freundliche und betriebsame Hauptstadt der 9. Region geprägt. Am besten kann man dies bei einem Mittagessen im *Mercado* nachvollziehen. Als Regionalgericht wird hier Bratwurst, *longaniza*, mit Kartoffelpüree aufgetischt. Die Siedlungen der Mapuche umgeben Temuco, einige davon kann man besuchen. Einen guten Vorgeschmack liefert der Stadtberg *Cerro Ñielol* mit einem indianischen Gebetsfeld. Das *Museo Regional de la Araucanía* an der Avenida Alemania war das erste chilenische Museum, das sich mit einer indianischen Ethnie auseinandersetzte. Mapucheschmuck kann man im Mercado und in dem Taller Artesanal de la Universidad neben dem Museum erwerben.

Valparaíso ⑲. Wer die Treppen und Stiegen von Valparaíso hinauf- und hinuntergeklettert ist, der hat die ganze Welt gesehen, schwärmte Pablo Neruda von der Hafenstadt an der Pazifikküste, in der er eines seiner drei Häuser einrichtete. Postkartenbunt, so rund wie ein Karussell und angefüllt mit Zeugnissen seiner Sammelleidenschaft, präsentiert sich *La Sebastiana* dem Besucher. Die amphitheatralische Lage an den steilen Hängen der Küstenkordillere und ein schmaler Streifen Land vor der Küste verhindern rigoros so etwas wie Ordnung im Stadtplan. Wo es nur möglich ist, versuchten die Stadtplaner, das orientierungsfreundliche, aus der Kolonialzeit stammende Schachbrettmuster über die Hügel und Hänge zu breiten – natürlich mit wenig Erfolg. Die Schluchten der Stadt den kleinen Leuten, die Bergkuppen der vermögenden Schicht: So läßt sich das Bild schnell aufrastern. Um von unten nach oben zu gelangen, gibt es Aufzüge und Standseilbahnen – alle schön alt und sehenswert.

In Valparaíso atmet man die rauhe, freundliche Luft eines seltsam unzeitgemäßen Hafenzentrums, dem heutige Zeiten den kolossalen Nationalkongreß und postmoderne Gebäude des Boomlandes Chile beschert haben. Seine eigentliche Blüte vor 150 Jahren als wichtigster Exporthafen des Landes und Versorgungs- und Handelsstation endete abrupt durch den Bau des Panamakanals. Verblichenen Glanz strahlen noch die Villen aus jener Glanzzeit aus. Besichtigungen konzentrieren sich folglich auf den *Hafen* mit der Muelle Prat und dem alten Zollgebäude. Für einen Besuch des *Museo Naval y Marítimo* muß man auf den Cerro Artillería klettern. Der *Cerro Alegre* mit dem

Für den, der's nicht allzu beschaulich mag, ist das quirlige Viña del Mar mit seinen beliebten Stränden bestimmt die richtige Adresse.

Paseo Yugoslavo, der *Cerro Concepción* mit der Pasaje Bavestrello, dem Paseo Gervasoni und der Pasaje Gálvez erinnern an die vergangene Herrschaftszeit, während man sich an der *Plaza Echaurren* mit dem Hafenmarkt und der ersten Kirche Valparaísos, der *Iglesia Matriz*, in volkstümlichere Gefilde begibt. Noch derber wird es bei einem Spaziergang auf dem *Cerro Santo Domingo*.

Offen und herzlich präsentiert sich diese Familie im Fischerviertel von Puerto Natales dem Fotografen.

Im Seebad Viña del Mar schläft man ruhiger als in dem quirligen Valparaíso, doch essen sollte man hier: im «Café Riquet», einem der wenigen echten Cafés in Chile, im «Café Turri» auf dem Cerro Concepción Seezunge, Muscheln und Krabben. Für Liebhaber des Unverwechselbaren: «La Playa», «Valparaíso Eterno» und «J. Cruz».

Viña del Mar/Ferienküste ⑳. Jedes Jahr im Februar widmet sich das Seebad Viña del Mar einer Obsession: Das auf dem gesamten Subkontinent und in Spanien berühmte Schlagerfestival polarisiert den Ort in eine gigantische Bühne und in geduldige Fangemeinden. Über eine Woche werden Preisträger in Wettbewerben ermittelt, und Stars und Sternchen sonnen sich im Scheinwerferlicht allabendlicher Fernsehübertragungen. Wegen ihrer übergroßen Beliebtheit gehören die Strände von Viña nicht zu den schönsten. Die Uferpromenade ist von modernen Ferienappartment-Häusern gesäumt. Den Kontrapunkt bilden Teile der Innenstadt: Elegante Villen in gepflegten Gärten unter großen Bäumen bestimmen die *Avenida Libertad*. Das Zentrum westlich der Plaza Vergara dient dem zweitwichtigsten Urlaubsvergnügen: dem Einkaufen.

Seine Beliebtheit kommt nicht von ungefähr, Viña begründete im späten letzten Jahrhundert die Seebad-Tradition. Zeugnisse davon legen die Mole, einige Villen und die Quinta Vergara ab, Austragungsort des Festivals mit einem exklusiven Landhaus, in dem das *Museo de Bellas Artes* untergebracht ist. Der üppige Garten hat ebenfalls Tradition: Seine erste Besitzerin ließ ihn anlegen, und noch heute führt er in die internationale Botanik ein. Wer den Grandhotel-Stil liebt, ist im «Hotel O'Higgins» an der Plaza Vergara gut aufgehoben.

Viña machte schnell Schule. Südlich und nördlich erstreckt sich an der Pazifikküste eine beliebte Ferienzone mit schönen Stränden. Das sieben Kilometer entfernte *Reñaca* hat sich den Ruf der Playa Pop erobert und zieht Jugendliche aller Altersschichten an. Seine Uferpromenade ist zu Sonnenuntergangs-Zeiten der beliebteste Laufsteg des Landes. Zerklüftete Küstenstriche trennen es von den weiteren Bädern *Concón*, *Quintero*, dem Hippie- und Studentenstrand Horcón und dem exklusiven *Maitencillo*. Die sehr unterschiedlichen Örtchen Zapallar und Papudo bilden den Endpunkt dieser Route; *Zapallar* genoß in früheren Tagen den Ruf des Mondänen und hat einen hübschen sichelförmigen Strand, *Papudo* ist eher volkstümlich mit ausladenden Stränden und verwitterten alten Holzhäusern.

Im Süden von Valparaíso befindet sich eine weitere, von Klippen und Felsen stark gegliederte Ferienzone, die bei dem recht vornehmen *Rocas de Santo Domingo* endet. *Cartagena* dagegen ist eine kleine Schwester von Valparaíso, unaufgeräumt, proletarisch mit pittoresken Holzhäusern. Kein Wunder, daß Künstler seine Wiederbelebung versuchen.

Isla Negra zieht viele Gäste an, aber weniger wegen seiner Ferienhäuser in Kiefernwäldern, sondern wegen der sehenswerten, 1960 gebauten Sommerresidenz des großen Dichters Pablo Neruda.

Von Wind und Wasser über Jahrhunderte geformt – die wildromantisch zerklüftete Küste bei Valparaíso.

Die Saltos de Petrohué (Wasserfälle) bestehen aus einer ganzen Reihe von Stromschnellen, die vom harten Vulkangestein in seltsam verschlungene Bahnen gezwungen werden. Im Hintergrund die leuchtende Schneekuppe des Vulkans Osorno.

Blick über die Plaza del Congreso im Herzen von Buenos Aires.

Die Puna-Hochebene, hier bei Abra Pampa, bildet den natürlichen Lebensraum der Lamas.

ARGENTINIEN

Fotografie Hubert Stadler
Text Susanne Asal

HEIMAT DER HOFFNUNGEN: ARGENTINIEN

Argentiniens Architekt heißt Willensanstrengung. Seine Musik ist Ausdruck der Sehnsucht, und nur ein wenig glättender Schmelz mildert die scharfen Konturen der vielen unterschiedlichen Lebenswelten, die hier zu Hause sind.

Denn seit dieses Land im Bewußtsein der Menschen besteht, seit es mündliche und schriftliche Kunde davon gibt, ist es ein Land der Verheißung gewesen. Dies ist keine leichte Bestimmung. Ein Land der Verheißung entsteht in den Köpfen. Es ist nie real, es ist ein Wunschtraum. Und wenn sich dieser Traum der Wirklichkeit nähert, dann bleibt der Wunschtraum in den Köpfen weiter bestehen; trotz allem, wie die Erfahrungen auch immer beschaffen sein mögen.

Kein Land kann den Beweis eindrucksvoller antreten als Argentinien, denn seine Geschichte ist auch die der herbeigesehnten und enttäuschten Versprechungen. Der Wille der entdeckerischen Welt der Neuzeit hat es in unsere Landkarten gezaubert, und der Wille von Millionen von europäischen Emigranten hat es zurechtgezimmert. Seine Bewohner haben nie aufgehört, hartnäckig das Recht auf den Traum vom besseren Leben zu verteidigen. Egal, zu welcher Uhrzeit, in welchem Monat, in welchem Jahr man einen Argentinier nach seinem Befinden befragt, immer war es besser oder wird es einmal besser sein. In Argentinien, so scheint es, ist trotz der immensen Tatkraft, auf der das Land gründet, die Gegenwart nicht erfunden worden. Nach Ansicht seiner Bewohner ist sie eher ein vorübergehender Zustand und in der Regel ein Fehler, der korrigiert werden kann. Und wie vielen Träumen bietet dieses Land bereitwillig Platz!

Ein Leben im Sattel verbringen noch heute die Viehhirten der riesigen Estancias, die Nachfahren der legendären Gauchos – hier auf der Estancia La Cina Cina bei San Antonio de Areco.

Argentinien, das nach seinem vermuteten Silberreichtum benannte Silberland (lateinisch *argentum*: Silber) erstreckt sich vom Großen Wasser (wie die im Nordosten beheimateten Guaraní-Indianer es nannten) über das Süße Meer (wie der erste spanische Eroberer, Juan Díaz de Solís, irrtümlich annahm) bis zu den «empörten Wellen des Südens fast am Ende der Welt» (Jules Verne in «Die großen Seefahrer und Entdecker»). Weniger poetisch ausgedrückt heißt dies, Argentinien reicht von den Iguazú-Wasserfällen im Norden über die Hauptstadt Buenos Aires am Río de la Plata bis zum Kap Hoorn. Es dehnt sich auf rund 3700 Kilometern Länge zwischen dem 22. und 55. Grad südlicher Breite aus und ist nach Brasilien das zweitgrößte Land Südamerikas.

Es vereinigt die tropischen tiefen Dschungel, die auf der roten Erde des Nordostens gedeihen, mit den – von den Polen abgesehen – größten zusammenhängenden Eismassen der Erde, leuchtende Zimtbaumwälder mit smaragdfarbenen Vulkanseen, monotone Steinwüsten und bizarre Erosionslandschaften, wie im Traum entworfen, mit einer windigen Hochebene, in der nur Flamingos und Lamas leben. Argentinien umschließt einen Kosmos für sich.

Unterwegs durch die Einsamkeit: Das Tal des Río Santa María in der Provinz Catamarca war vor der spanischen Einwanderung eine der dichtbesiedeltsten Regionen Argentiniens.

Wenn die Gauchos Feste feiern, schwingen sie gerne auch das Tanzbein, wie hier am Ostersonntag südlich von Quilmes (Provinz Tucumán).

INSELN IN EINEM MEER AUS LAND

Die ersten, die kamen, um die Beschaffenheit dieses verheißungsvollen Landes zu erkunden, waren die spanischen Eroberer. Seit Christoph Kolumbus im Oktober 1492 aufgebrochen war, einen neuen, günstigen Seeweg nach Indien zu entdecken und jenseits des Ozeans einen neuen Kontinent, *Las Indias*, fand, durchpflügten die spanischen Karavellen im königlichen Auftrag den Atlantik. Das entdeckerische Interesse der Seefahrer war begleitet von dem finanziellen Interesse der spanischen Krone, auf unbekanntem Boden neue Reichtümer zu finden, denn sie hatte in den heimatlichen Religionskriegen die Staatsschatullen geleert.

Im Parque de los Menhires bei Tafí del Valle kann man an die 130 Menhire bewundern, die aus verschiedenen Orten hier zusammengetragen wurden.

Die Eroberung Mexikos durch Hernán Cortés in den Jahren 1519 bis 1522 hatte diesen Wunsch erneut stimuliert. Nachdem Goldschätze und Juwelenberge dem Aztekenfürsten Montezuma geraubt und nach Toledo gebracht worden waren, stand für die europäischen Fürsten- und deutschen Handelshäuser fest, daß in diesem neuen Kontinent Edelmetall im Überfluß anzutreffen und problemlos wegzustehlen sei.

Die indianische Bevölkerung beunruhigte und irritierte sie, aber sehr bald sollten die Krone und der Klerus unisono eine Formel gefunden haben, wie mit ihr umzugehen sei: Es waren Wilde, Unzivilisierte, die man als Sklaven unterjochen oder gleich streunenden Hunden töten könne, falls sie sich den neuen katholischen Mächten nicht unterwürfen. Sie standen den Expansionsgelüsten nur im Weg. Sie waren Barbaren, die keine Scham kannten und Vielgötterei betrieben.

Von weither kommen die Coya-Indianer zum Markt in Yavi, einem kleinen Dorf nahe der bolivianischen Grenze, um dort ihre selbstgefertigten Waren zu verkaufen.

Ein halbes Jahrhundert später änderten Klerus und Krone zwar ebenso unisono ihre Meinung. Einige Kirchenmitglieder äußerten moralische Bedenken gegen den Massenmord, die weltlichen Herren sahen die Menschen, die schließlich für sie arbeiten und denen sie Steuern abpressen konnten, zu sehr dezimiert. Zu spät. Die Idee, erhabener und besser zu sein als jeglicher Indianer, war bereits in den letzten spanischen Galeerensträfling eingeimpft, der sich mit der Teilnahme an der strapaziösen Überfahrt die Freiheit vom Galgen erkauft hatte. Das große Abschlachten hatte schon stattgefunden. Die kontrollierenden Mächte saßen weit entfernt jenseits des Ozeans und richteten ihre schützenden Episteln und Gesetze, «Las Leyes de las Indias», welche die Versklavung der Indianer verboten, über das aufgewühlte Meer in die Leere.

Damals gab es im Gebiet des heutigen Argentinien nur einzelne besiedelte Inseln in einem Meer aus Land. Juan Díaz de Solís stach am 8. August 1515 vom andalusischen Hafen Sanlúcar de Barrameda aus mit drei Karavellen in See, um in spanischen Diensten eine Passage durch den neuen Kontinent zu finden, nachdem Francisco de Balboa entdeckt hatte, daß sich hinter diesem ein weiteres Meer ausbreitete: Er hatte den Pazifik vom Westen her gesehen. Der Kapitän der Kastilischen Armada landete im Jahr 1516 an einem riesigen Gewässer. Er taufte es wegen seines fehlenden Salzgehalts *Mar Dulce* (Süßes Meer) und war überzeugt, die gesuchte Passage gefunden zu haben. Doch seine Entdeckungszüge zu Land brachten ihm den Tod. Er starb bei einem Angriff der Charrúa-Indianer, die in der Gegend um das heutige Buenos Aires lebten.

Inzwischen gilt als sicher, daß die Menhire und Steinkreise im Parque de los Menhires (Provinz Tucumán) von den Tafí-Indianern stammen, die hier zwischen dem 4. und 9. Jahrhundert siedelten; die Kultur dieses Volkes ist jedoch noch weitgehend unerforscht.

Nachdem die Jesuiten 1767 aus Argentinien vertrieben wurden, verfielen ihre mit Hilfe der Guaraní erbauten Städte, und der Urwald eroberte zurück, was man ihm mühsam abgetrotzt hatte: die Ruinen der 1637 gegründeten Reduktion Santa Ana am Río Paraná.

Auf dem Paß Questa de Miranda (Puna-Hochebene). Am Rand der Fernstraßen Argentiniens finden sich häufig kleine Häuschen, die Votivgaben aller Art, vor allem Autoteile, enthalten. Diese Opfergaben sollen dem Reisenden Glück bringen und ihn in der Weite und Einsamkeit beschützen.

Gefunden hatte er nicht die Meerespassage, sondern den Río de la Plata. Die Passage entdeckte vier Jahre später der zweite Träumer, Fernando de Magallanes, ganz tief im Süden von Patagonien in einem düsteren Labyrinth aus dunkelgrünen Kanälen, eingerahmt von Gletschern und bizarr gezackten Bergen. Wochenlang narrten die unzähligen Buchten und das stürmische Meer die Sinne der Besatzungen auf den für die heutigen Verhältnisse winzigen, dünnwandigen Karavellen. Der Magellan-Biograph, der venezianische Kaufmann Antonio Pigafetta, schildert die Strapazen, Intrigen, Meutereien, die Hoffnungslosigkeit, die Krankheiten und den Tod auf den Schiffen. Als Fernando de Magallanes 1520 in der Bucht des heutigen Puerto San Julián in der patagonischen Provinz Santa Cruz überwintern muß, treibt die Neugier die indianischen Tehuelche in die Nähe der Siedlung. Pigafetta ist der erste, von dem wir etwas über ihr Äußeres erfahren: «Dieser Mann war so groß, daß ihm der Kopf des größten von uns nur bis zum Gürtel reichte. Er war schön gewachsen und besaß ein rot bemaltes Gesicht.» Vor allem ihre Schuhgröße machte die Tehuelche bald weltberühmt. *Patas grandes*, soll Magellan anerkennend ausgerufen haben, als er ihre Fußspuren sah, «große Füße».

Die ungebärdigen Wilden am anderen Ende der Welt finden Eingang in den europäischen Kosmos. William Shakespeare bildet sie 1611 mit der Figur des Caliban im «Sturm» nach, die einem Gott Setebos huldigt, genau so, wie es Pigafetta bei den Tehuelche beobachtet hatte.

VON CÄSARENSTÄDTEN UND SILBERBERGEN

Zunächst noch hielt sich der Traum von den unermeßlichen Reichtümern. Ein Überlebender der Expedition von Juan Díaz de Solís, Alejo García, konnte sich bis in den Norden des heutigen Argentinien durchschlagen. Dort erfuhr er von den Guaraní-Indianern von sagenhaften Goldschätzen und Bergen ganz aus Silber. Allerdings befänden sie sich weit entfernt im Westen des Kontinents, in der (heute) bolivianischen Kordillere. Diese Nachricht war gar nicht einmal falsch, denn dort lag der Potosí, der wenig später als Silberberg selbst Legende werden sollte. Auch heute noch sind die Minen nicht erschöpft, welche die Spanier rücksichtslos ausbeuteten. Im Umfeld des Cerro Rico, des reichen Berges, entstand im 16. Jahrhundert mit Potosí die größte Stadt der westlichen Welt. Alejo García sah den Silberberg nie. Er wurde von den Guaraní erschlagen.

Der Venezianer Sebastiano Caboto sollte dann im Jahr 1526 die Legende fortschreiben, indem er sich auf die Suche nach den Cäsarenstädten begab. Die Mär von

Paßhöhe im Süden der Provinz Salta. Charakteristisch für dieses trockene Gebiet ist der Cardón (Kandelaberkaktus), der bis zu 8 Meter hoch werden kann. Das Holz der bizarren Stachelsäulen wird zu Möbeln verarbeitet und sogar für den Hausbau verwendet.

Ein weltberühmtes Naturschauspiel: die Iguazú-Wasserfälle im Dreiländereck zwischen Argentinien, Paraguay und Brasilien.

In Molinos, einem kleinen Indianerdorf in den Valles Calchaquíes, wird das Maisbrot noch auf traditionelle Weise im Steinofen gebacken.

Auch die Musik gehört dazu: Auf den Gauchofesten, hier in der Provinz La Rioja, findet sich fast immer jemand, der noch die spöttischen Verse einer Payada zu singen versteht, eines improvisierten Liedes, das stundenlang dauern kann.

Die Coya-Indianerinnen in Humahuaca bieten vor allem Silberschmuck, aber auch Teppiche, Holzschnitzereien und Töpferwaren an.

den reichen Städten hatte ein spanischer Expeditionsteilnehmer namens César in Umlauf gebracht, und man suchte sie vom Süden Chiles bis hinauf nach Venezuela. Wie so viele Konquistadoren reiste auch Caboto im königlichen Auftrag, den riesigen Kontinent zu besiedeln, zu befestigen, die Indianer zu unterwerfen und zu «erziehen», aber auch er suchte lieber Gold. Doch Argentinien, das stellte sich später heraus, war das Land der Reichtümer nicht. Es war das Land der steinigen Wüsten, der Hochebenen, der tropischen Enklaven, der Berge, des Eises und der stürmischen Winde. Es besaß die ausgedehntesten Gletscher, die wundersam geformtesten Kakteen, die eindrucksvollsten Wasserfälle und die merkwürdigsten Berge mit von Erzen bunt gefärbten Streifen.

Ein Land, interessant für Forscher, aber nicht für Goldsucher. Es war leer und schien als Lebensraum nur begrenzt geeignet. Nur an wenigen Plätzen hatten sich Gruppen indianischer Völker isoliert voneinander niedergelassen, aber kein Verband verkörperte je eine Hochkultur wie die Inka in Peru und die Azteken und Maya in Mexiko oder Guatemala.

DER WEG IN DIE UNABHÄNGIGKEIT

Die weitere spanische Erforschung Argentiniens blieb lange Zeit vernachlässigt, dem spanischen Generalkapitanat von Peru unterstellt, in ihren wirtschaftlichen Entwicklungsprozessen entscheidend beschnitten, weil der Handel innerhalb der Kolonien verboten worden war. Städte wurden gegründet und zerfielen, bildeten die Beute aufständischer Indianer oder holländischer Piraten. Das 1536 von Pedro de Mendoza gegründete Buenos Aires konnte nicht gehalten werden, man siedelte 1541 nach Asunción im heutigen Paraguay und 1573 nach Santa Fé de la Vera Cruz um. Keine der Städte blühte auf, die Spanier und *criollos*, in Argentinien geborene Weiße, igelten sich in ihnen ein, wollten die steinige Landschaft im Süden, den Urwald im Norden nicht urbar machen. Córdoba, die prosperierendste Stadt zum Ende des 16. Jahrhunderts, zählte 250 weiße Bewohner, Argentinien insgesamt 2000 spanischstämmige Kolonisten.

Junge Guaraní-Indianerin beim Flechten von Körben. Die im Nordosten Argentiniens ansässigen Guaraní sind von alters her für ihre besonderen Fertigkeiten im Kunsthandwerk bekannt.

Erst als 1776 eine kolonialpolitische Neuordnung des spanischen Königs Carlos III. Buenos Aires den Rang eines Generalkapitanats mit eigenen Handelsbefugnissen verlieh, erneuerte dies auch die Gesellschaft. Allmählich bildete sich in Buenos Aires, das 1580 von Juan de Garay zum zweiten Mal gegründet worden war, eine städtische Handelsbourgeoisie heraus. Die Bevölkerung wuchs von 2200 Einwohnern im Jahr 1726 auf 32 000 im Jahr 1778. Gleichzeitig begann man sich für

das Inland und die Möglichkeiten der Erschließung des Bodens zu interessieren. Die ersten Estancias, Viehfarmen, wurden gegründet.

Plötzlich wurde alles anders. Weder Kaufmannsschicht noch Viehzüchter fanden sich mit der kolonialen Gängelung ab. Ein Machtvakuum in Spanien, das 1808 nach der Besetzung durch napoleonische Truppen entstand, gab den Impuls zur Demonstration eines ersten argentinischen Nationalbewußtseins: Der 1809 provisorisch eingesetzte spanische Vizekönig Cisneros wurde am 25. Mai 1810 von einer Bürgerversammlung entmachtet. Als *cabildo abierto*, offenes Rathaus, ging dieser Akt in die Geschichte ein.

Bis zur Deklaration der Unabhängigkeit am 9. Juli 1816 in Tucumán beherrschten politisches Chaos und Kriege gegen royalistische Truppen das Land. Für militärische Siege zeichnete General José de San Martín (1778 – 1850) verantwortlich, der als Argentiniens Held der Unabhängigkeit verehrt wird.

Auf dem 3000 Meter hoch gelegenen Paß Abra del Infiernillo wachsen nur noch Kakteen. Diese genügsamen Pflanzen verlieren selbst bei extremer Sonneneinstrahlung kaum Wasser, weil ihre Atemöffnungen für den Wasser- und Gasaustausch besonders tief liegen.

DIE EMIGRANTEN KOMMEN

Im Museo Antropológico in Salta im argentinischen Nordwesten sind Fotos von den Wichi ausgestellt. Sie zeigen die Indianer nur mit einem Lendenschurz bekleidet vor ihren Grashütten. Die Frauen schmücken sich mit Bändern aus kleinen, unbearbeiteten Halbedelsteinchen, die Männer benutzen Pfeil und Bogen. Die Aufnahmen wurden in den zwanziger Jahren von einem unbekannten Fotografen gemacht.

Der Breslauer Priester und Ethnologe Martin Gusinde hat ebenfalls in den zwanziger Jahren die Yamana und Selk'nam auf Feuerland besucht. Seine berühmt gewordenen Fotos, die auf mehreren Ausstellungen um die Welt reisten, zeigen sie in den unwirtlichen Gegenden, in Guanakofelle gehüllt dem Eisregen trotzend, nackt und bemalt bei Initiationsriten für die Jungen, zeigen weichhäutige schöne Mütter mit ihren Babys in Kanus in dunklen Fjordlandschaften und einen Stammesfürsten mit seinen Gattinnen. Auch sie jagten Guanakos, die Yamana lebten vom Verzehr von Meeresfrüchten. Beide Völker überlebten den Zusammenprall mit den europäischen Kulturen nicht.

Gleich schweigsamen Hütern uralter Geheimnisse stehen die Menhire der Tafí-Indianer im Parque de los Menhires im Herzen der Aconquija-Berge. Ihre Bedeutung bleibt bis heute ein Rätsel: Die Inschriften und Zeichnungen konnten noch nicht entschlüsselt werden.

Buenos Aires, zur selben Zeit. Während an den beiden Polen des Landes nomadisierende Stammesverbände um das Überleben kämpfen und sich von Tieren ernähren, die sie mit Pfeil und Bogen erlegen oder aus den Tiefen eisigen Wassers bergen, sind Millionen von europäischen Emigranten bereits eingebürgert, weitere Millionen werden erwartet. Zum Vergleich: Heute hat Argentinien 32,6 Millionen Einwohner, 14 Millionen konzentrieren sich in der Provinz Buenos Aires, vier Millionen in der Kapitale.

Blick auf das «Dach Amerikas», den Aconcagua (Mitte links). «Akon kahuak – Felszitadelle» nannten die Quechua den gewaltigen Gebirgsstock, der mit 6959 Metern zugleich die höchste Erhebung der westlichen Hemisphäre darstellt.

Im Valle de la Luna («Mondtal») fanden Wissenschaftler Fossilien einer reichen prähistorischen Flora und Fauna. Vor über 200 Millionen Jahren befand sich hier eine tropische Sumpflandschaft, die von Farnen und Araukarien bewachsen war.

Üppige, von Flechten, Moosen und Baumschmarotzern bewachsene Hänge, rauschende Wasserfälle im grünen Dickicht: die Schlucht des Río Sosas nicht weit entfernt von dem Ferienort Tafí del Valle (Provinz Tucumán).

Große landschaftliche und klimatische Gegensätze prägen die Andenprovinz Tucumán. Durchquert man zwischen der Hauptstadt San Miguel de Tucumán und Tafí del Valle dichten subtropischen Regenwald (oben und unten), führt die Straße nur wenige Kilometer weiter über einen steilen Paß und hinauf auf die wüstenartige Puna-Hochebene.

Zwischen 1880 und 1930 kamen über sechs Millionen Einwanderer nach Argentinien, 71 Prozent davon waren Männer. Im Jahr 1906 zählte die Bevölkerungsstatistik 17 000 deutsche Einwanderer, von denen sich 9000 in Buenos Aires niedergelassen hatten. Die Immigration war Bestandteil der argentinischen Konsolidierungspolitik mehrerer Regierungen, denn die wenigen Städte und die geringe Einwohnerzahl reichten nicht aus, das riesige Land zu festigen. Grenzen waren zu schließen (nach Chile, Paraguay und Bolivien), Gebietsansprüche zu manifestieren. Ein Interesse daran, die indianischen Verbände in die argentinische Gesellschaft zu integrieren, bestand zu keiner Zeit – im Gegenteil. Die Vernichtungsfeldzüge im patagonischen Süden des Landes, ausgeführt von General Juan Argentino Roca zwischen 1877 und 1879, die als «Campaña del Desierto» in den Landeschroniken erwähnt werden, hatten kein anderes Ziel, als Platz zu schaffen für landwirtschaftliche Kolonien, für deren Besiedelung man Menschen ins Land holen wollte.

In den ersten beiden Dekaden des 20. Jahrhunderts besaß die gleißende Hauptstadt schon ihre heutige Schönheit: die spanischen schmiedeeisernen Balkongitter, die Art-nouveau-Fassaden, die breiten eleganten Straßen, die großzügigen Cafés mit kostbaren Samtausstattungen, die schönen, mit rotem Kies bestreuten Parkwege. Man zeigte sich im Prachtbau des Teatro Colón, das 1908 mit «Aida» eingeweiht wurde. In den teuren, neuen Hotels «Castelar» und «Majestic» stiegen der Architekt Le Corbusier und der Star des «Ballet Russe», Nijinsky, ab. Die Banco de Boston und das Teatro Cervantes, 1921 und 1924 gebaut, huldigen mit ihren reichverzierten Fassaden dem plateresken Stil der spanischen Spätgotik. Die prachtvollen neuen Bauten bilden den angemessenen Repräsentationsrahmen für das Großbürgertum, das durch landwirtschaftliche Exporte reich geworden war, sehr reich sogar. Argentinien ist zu diesem Zeitpunkt der Welt führender Ausfuhrhafen für Fleisch, Wolle, Holz und Getreide.

Doch Buenos Aires besaß damals ebenso schon seine heutige Schäbigkeit. Die schnell hochgezogenen Mietskasernen in La Boca, die übervölkerten Häuser in San Telmo, in denen sich zehn Einwandererfamilien eine Toilette teilen mußten, zeigten das andere Gesicht der Stadt. Hochsaison herrschte im «Hotel de Immigrantes» am Silberfluß. Eintausendfünfhundert Einwanderer konnte dieses schöne, weiße Hotel aufnehmen, das ein Hospital besaß und für eine Woche Schlafgestelle und kostenlose Mahlzeiten bot. Danach mußten sich die Neuankömmlinge selbst weiterhelfen.

Argentinien und Buenos Aires entwickelten sich nicht zum Schmelztiegel. Jede Gemeinschaft verlieh sich in der Fremde schärfere Konturen als es zu Hause

Die Bosques Petrificados José Ormachea: eine Erosionslandschaft, durchsetzt mit zahllosen Fragmenten versteinerter Bäume. Sie stammen aus der Zeit der Auffaltung der Anden vor etwa 65 Millionen Jahren, als Patagonien mit riesigen Araukarien bewachsen war.

nötig gewesen wäre. In der Hauptstadt sammelten sich die Italiener im Viertel La Boca, die Juden wohnten in Once, die Deutschen in Belgrano, und die Ärmsten gingen nach San Telmo, das 1871 von einer schrecklichen Gelbfieber-Epidemie heimgesucht und daraufhin sofort von den reichen Familien, die sich gerade erst dort niedergelassen hatten, verlassen worden war. Mit ihren im Lauf der Jahre verfallenen Villen mußten sich jetzt die mittellosen Einwanderer begnügen.

Die Unruhe der politischen Verhältnisse in Europa seit den Bürgerrevolutionen 1848 und die großen landwirtschaftlichen Krisen haben viele Menschen über den Atlantik getrieben, mit der Hoffnung, in der neuen Welt ein neues Glück zu machen. Die Einwanderer kamen aus allen Berufen und Gesellschaftsschichten. Die Verheißung Argentinien war groß.

Das Land wurde verteilt und in Besitz genommen, aber es entwickelte sich höchst ungleichzeitig. Während auf Feuerland die nomadisierenden Ona in den Salesianer-Missionen vor den menschenjagenden Mördern der Großgrundbesitzer geschützt werden, läßt die argentinische Regierung unter Hipólito Yrigoyen 1922 in Patagonien die vom Anarchismus des Bakunin überzeugten russischen Arbeiter hinrichten, die kurz zuvor eingewandert waren und auf den Viehfarmen der Schafbarone schufteten. Zur gleichen Zeit tritt die Musik der Einwanderer, der Tango, seinen Siegeszug durch die Pariser Salons an.

Trotz der immensen Ausdehnung des Landes gab es tatsächlich wenig vielversprechenden Boden. Das fruchtbare Land im Süden am Andenrand und in den Provinzen Buenos Aires, Santa Fé und Entre Rios war

Im Valle de la Luna. In über 200 Millionen Jahren haben hier die Kräfte der Erosion aus dem weichen Gestein eigenartige Skulpturen modelliert.

Steile Serpentinen und über 4000 Meter hohe Pässe sind auf der Fahrt von Purmamarca zur chilenischen Grenze zu bewältigen. Zu den schönsten Streckenabschnitten gehört die Überquerung der Salinas Grandes, eines riesigen Salzsees, auf einem Damm.

sehr rasch verteilt gewesen. Und einige der besten Stücke waren zudem bereits vergeben: Die ertragreichen Gegenden um die patagonischen Flüsse hatten die Waliser, die ersten – und nicht durch staatliche Initiative ins Land geholten – Einwanderer, bereits seit etwa siebzig Jahren kultiviert. Auf Feuerland mit seinen reichen Wäldern aus Nothafagus-Bäumen, seinen riesigen Seen und vom orkanartigen Wind verbogenen Bäumen hatten sich fast gleichzeitig reiche Schafbesitzer-Dynastien ausgebreitet, die auch im chilenischen Teil der Südinsel ausgedehnte Ländereien besaßen.

Die europäische Kolonisierung verlief nicht ohne Entbehrungen und Enttäuschungen. Die Siedler bekamen Land, aber keine Besitztitel, sie bekamen Saatgut, aber es gab keine Infrastruktur zur Vermarktung der landwirtschaftlichen Erzeugnisse. In Corrientes kam es zu wilden, spontanen Landnahmen, die zunächst vom Staat toleriert wurden, denn auch sie hatten Platz in der bevölkerungspolitischen Strategie Argentiniens – wurde doch schließlich auch auf diese Weise der Boden bearbeitet und das Land besiedelt. Doch die große Nachfrage nach dem wertvollen Quebracho-Holz, das dort wuchs, zerstörte die Hoffnung der Siedler, unbehelligt ein neues Leben aufbauen zu können. Der Staat verkaufte die Wälder und enteignete die Bauern und Viehzüchter. Viele von ihnen zogen in die benachbarte Tropenprovinz Misiones, in der heute ein vielfältiges Kulturgemisch lebt. Alljährlich in der zweiten Septemberwoche feiern dort Italiener, Spanier, Brasilianer, Dänen, Deutsche, Franzosen und Japaner das Fest der Einwanderer. Wer sich auf die Reise nach Misiones macht, wird schnell feststellen: Wohlhabend ist hier keiner geworden. Das dschungelhafte Land um die Iguazú-Wasserfälle erfordert eiserne Disziplin, um es in fruchtbaren Boden zu verwandeln.

Die Guaraní hatten sie. Die indianische Bevölkerung, die im heutigen Norden Argentiniens und in Paraguay lebt, wurde im 17. Jahrhundert von den Beutezügen der aus Brasilien kommenden Sklavenhändler bedroht. Zwei Millionen von ihnen seien wie Tiere gejagt, gefangengenommen und verhökert worden, gibt eine Schätzung an. Die königlichen «Leyes de las Indias», die Gesetze, die die Versklavung der Indianer verboten, im Rücken, brachen jesuitische Missionare in dieses Gebiet auf, das heute ihren Namen trägt: Misiones. Sie gründeten Städte für die nomadisierenden Guaraní und boten ihnen ein Leben in einer Art Sozialstaat mit Gemeinschaftsbesitz an. Hundertfünfzig Jahre lang, bis zur Ausweisung der Jesuiten 1767, bestand das Gesellschaftsmodell.

DER MYTHOS EVITA

Seit 1952 steht das legendäre Einwandererhotel in Buenos Aires leer. 1952 ist auch das Todesjahr der Evita Perón. – Nur der Peronismus habe dem Land politisches Gewicht verliehen und seinen Einwohnern Wohlstand und Ruhe gebracht, behaupten viele Argentinier noch heute. Ob Ruhe und Wohlstand mit Unterdrükkung und Repressalien erkauft worden waren oder nicht: Im Bewußtsein der Menschen nämlich lebt der Traum vom Peronismus weiter, in dessen legendärer

Ein prachtvolles Jugendstilhaus an der Avenida 9 de Julio im Zentrum der Hauptstadt. Zu Beginn des 20. Jahrhunderts lösten in Buenos Aires Art déco und Art nouveau den historisierenden Baustil ab.

Regierungsperiode die Reallöhne um 50 Prozent kletterten, die heimische Industrie durch Schutzzölle und Importbeschränkungen aufblühte und Argentinien zum achtreichsten Land der Welt aufgestiegen war. Viele sagen, Juan Domingo Perón habe als einziger Präsident Argentiniens wirklich Politik für Menschen gemacht.

Das hat er in gewissem Sinn auch, denn der Reichtum wurde verteilt. Die Impuls gebende Kraft in diesem Prozeß wird mehr noch als dem General Perón seiner zweiten Frau Eva Duarte zugeschrieben, einer jungen armen Schauspielerin und Tänzerin, die in die große Politik einheiratete. Durch sämtliche Betten sei sie auf dem Weg zu Juan Domingo gestiegen, behaupten boshaft die einen, als engagierte Rundfunksprecherin habe sie Juan Domingos Interesse erregt, behaupten andere. Wie heftig um diese Frage noch Jahrzehnte später gefochten wurde, belegte der Streit um die amerikanische Popsängerin Madonna, die in der Musicalverfilmung von «Evita» 1996 die Titelrolle spielte. Deren freizügige Sexualmoral entspräche genau der von Eva, sagten die einen, ein blasphemischer Skandal sei es, behaupteten die anderen ...

Als Evita Anfang 1944 auf einer Wohltätigkeitsveranstaltung den ehrgeizigen konservativen Kriegsminister Juan Perón kennenlernte, witterte sie ihre Chance. In ihrer einstündigen täglichen Radio-Show warb sie leidenschaftlich für das politische Programm Peróns, der mehr soziale Gerechtigkeit und eine unabhängige, starke Wirtschaft forderte. Als Perón bei einem Putsch im Oktober 1945 verhaftet wurde, organisierte Evita einen beispiellosen Protestmarsch, an dem mehr als 200 000 Menschen teilnahmen. Aus Angst vor einem Bürgerkrieg gaben die Putschisten nach und ließen Perón frei. Am nächsten Tag heiratete er Evita. Sechs Monate später wurde Perón zum Präsidenten gewählt.

Die feine Gesellschaft von Buenos Aires verachtete Evita, das Volk liebte sie. Obwohl sie nie ein offizielles Staatsamt annahm, setzte sie 1947 das Frauenwahlrecht durch. Politisch fochten Juan und Evita Perón für soziale Gerechtigkeit, doch tatsächlich herrschten sie wie Diktatoren. Politische Gegner ließen sie von der Geheimpolizei verfolgen, die Pressefreiheit wurde aufgehoben. Wegen Evitas außergewöhnlichen Engagements standen die Armen trotz allem hinter ihr, während der Widerstand gegen Juan Perón wuchs. Als Evita 1952 starb, trauerte das Volk wie um eine Königin. – Kaum drei Jahre später wurde ihr Mann von seinen eigenen Militärs gestürzt und kehrte erst 1973 aus dem Madrider Exil zurück, nachdem das Land wechselnde Militärregierungen und mehrfache Putsche durchlebt hatte. Perón wurde erneut zum Staatspräsidenten gewählt. Doch es gelang weder ihm noch seiner dritten Frau und Amtsnachfolgerin Isabel, eine soziale Befriedung herbeizuführen und den links- und rechtsextremen Terrorismus einzudämmen. 1976 wurde auch sie vom Militär gestürzt. Gnadenlos griff die Militärjunta durch, um die politische Opposition auszuschalten, doch die zerrüttete Wirtschaft konnte sie nicht sanieren. Erst 1983, nach der Niederlage im Falklandkrieg (1982), kam es wieder zu freien Wahlen; Angehörige der Junta wurden wegen Menschenrechtsverletzungen vor Gericht gestellt. Doch die wirtschaftliche und soziale Lage des Landes blieb weiterhin miserabel – was 1989 den Peronisten in veränderter Gestalt, nämlich als «Partido Justicialista», wieder zum Wahlsieg verhalf. Der Peronismus des damals gewählten Carlos Saúl Menem hatte freilich mit dessen ursprünglichen sozialen Zielen kaum noch etwas gemein.

In der Calle Florida, mit ihren zahlreichen Boutiquen, Kaufhäusern und Ladenpassagen eine der bekanntesten Einkaufsstraßen und Flaniermeilen von Buenos Aires, herrscht zu jeder Tageszeit Hochbetrieb.

1

DER TRAURIGE GEDANKE, DEN MAN TANZEN KANN

Die Geschichte des Tango

Der vor über hundert Jahren in den Hafenkneipen von Buenos Aires entstandene Tango wurde zunächst vom argentinischen Bürgertum verachtet. Erst sein Erfolg in Europa machte ihn auch in seiner Heimat salonfähig.

Der Tango ist eine Sprache Argentiniens, ein Spiegel der vielen Facetten des Landes, der kulturellen Einflüsse, die es aufgenommen und zu einer ureigenen Form zusammengeschmolzen hat. Als seine Wurzeln werden vier unterschiedliche musikalische Elemente benannt: Die kubanische Habanera, wie der Tango gleichzeitig Paartanz und Lied, entstand gleich ihrem argentinischen Nachfolger in den Vorstädten. Der brasilianische Candombé dagegen ähnelt einem Straßenumzug mit fest choreographierten Abfolgen. In der südspanischen Hafenstadt Cádiz soll 1850 der Tango Andaluz als gitarrenbegleiteter Tanz geboren worden sein. Die Milonga wiederum ist bereits im La-Plata-Raum verankert: In Uruguay wurde neben einer Tanzliedform auch ein Fest so bezeichnet.

Die Instrumentierung des Tango wechselte im Lauf seiner Geschichte. Entsprechend seiner Herkunft aus den Freudenhäusern und Kneipen der Einwandererviertel kamen bis ins ausgehende 19. Jahrhundert die mobilen Instrumente Flöte, Gitarre und Geige zum Einsatz. Erst als der Tango auch in den Salons gespielt wurde, konnte man ihn mit einem Klavier begleiten. Seinen unverwechselbaren, wehmütigen Klang verleiht dem Tango-Orchester das Bandoneón, eine von dem Krefelder Hermann Band 1846 erfundene, komplizierte Knopfziehharmonika.

Der im übervölkerten und armen La Boca und San Telmo geborene Tango manifestiert in seinen Themen die immer wiederkehrenden Sehnsüchte der Einwanderer. Sie kreisen um enttäuschte Liebe, verlorene Pferdewetten, untreue Frauen, falsche Freundschaft, verlorene Unschuld und Verrat. Der Schriftsteller Enrique Santos Discépolo (1901–1951) spitzte mit seinen bissigen, traurigen Texten den gesellschaftskritischen Gehalt des Tango zu, der auch vorher schon verborgen mitgeschwungen hatte. Es ist ein Tanz mit komplizierten Schrittfolgen, steif und feierlich wirkenden Bewegungen und ebenso überraschenden wie kurzen lasziven Gesten. Das Tanzpaar ist völlig ineinander versunken. Die strenge Stilisierung der Liebe zwischen Mann und Frau, die der Tango spiegelt, wurzelt in der Phantasie der fast ausschließlich männlichen Emigranten, die meist ohne Frauen aus Europa gekommen waren.

2

3

4

Ursprünglich tanzten Männer miteinander, versuchten, sich mit ihren Bewegungen eine Frau zu erfinden und zugleich ihre Herrschaft über sie zu demonstrieren. In keinem lateinamerikanischen Tanz führt der Mann so bestimmt wie im Tango.

Der 1935 bei einem Flugzeugabsturz ums Leben gekommene Tango-Sänger Carlos Gardel verlieh dem aus den Hinterhöfen von Buenos Aires entkommenen Tango den Glamour des großherzigen Weltmannes, der sich auf die Sprache der kleinen Leute versteht und deren Leidenschaften teilt. Er gilt als geschickter Repräsentant beider Milieus, in denen der Tango seit den zwanziger Jahren beheimatet war, der Unterschicht und des Großbürgertums. Denn das «Kind der Bordelle, in denen sich Wölfinnen mit Reptilien paaren», wie der Dichter Leopoldo Lugones noch 1910 höhnen konnte, hatte zwischenzeitlich eine große Karriere in den Pariser und Berliner Salons hinter sich

Der Tango verkörpert das Lebensgefühl im Buenos Aires des ausgehenden 19. Jahrhunderts, die Sehnsüchte der überwiegend männlichen Einwanderer aus allen Ländern der Welt. Seine Choreographie entstammt einer einzigen Quelle: der körperlichen Liebe. Der Tango ist ein getanztes Ritual von Eroberung und Besitz, Verführung, Hingabe und Macht.

1–3 Die vierziger und fünfziger Jahre gelten als das Goldene Zeitalter des Tango.

4–7 In der Tango-Bar «Casa Blanca», Buenos Aires.

8 Tango-Orchester im «Café Tortoni», Buenos Aires.

5, 6

7

8

und kam als neue Mode wieder zurück nach Argentinien, wo die Reichen auf ihren Festparketten die europäischen Tänze zu imitieren pflegten. Nun also auch den bislang geschmähten Tango aus ihrem eigenen Land. Der Tango hat nie aufgehört, ein funkelnder Botschafter seines Landes zu sein. Astor Piazzolla und Roberto Goycheneche haben in Europa triumphale Konzerte gegeben, Dino Saluzzi, Juan José Morsalini und Susana Rinaldi sind auch hier zulande keine Unbekannten geblieben.

Nach einer Zeit, in welcher der Tango Gefahr lief, nur noch in den Konzertpalästen und von den Touristen verehrt zu werden, hat das altbekannte Fieber Buenos Aires erneut erfaßt. Tango ist wieder in Mode gekommen – und so schleichen sich ältere Herren mit einer Rose im Knopfloch in die rostigen Schuppen, wo der Wein in Plastikbechern nur einen *peso* kostet und junge Mädchen sich aus ihren Jogginghosen schälen, um sich mit enganliegenden Trikots, Netzstrümpfen, Pfennigabsätzen und Blumen im Haar in Tangoschönheiten zu verwandeln: die Wiederauferstehung der Sehnsucht.

Susanne Asal

Allgegenwärtig sind die Tangorhythmen in dem quirligen Stadtteil San Telmo. Auf der Plaza Dorrego treffen sich hier an jedem Wochenende tangobegeisterte Porteños, wie die Bewohner von Buenos Aires genannt werden, mit professionellen Tänzern und Musikern zu einem temperamentvollen Straßenfest.

EIN LAND MIT VIELEN GESICHTERN

Das bunte Völkergemisch der Metropole Buenos Aires wird treffend durch die Redensart charakterisiert, in der es heißt, ihre Bewohner seien Spanier, die wie Italiener sprechen, sich wie Franzosen kleiden und sich für Engländer halten.

«Es herrscht die Meinung vor, daß wir ein europäisches Volk sind», sagt der Restaurator im Museo Antropológico, dem Völkerkundemuseum in Salta, und variiert ein Bonmot des berühmtesten Schriftstellers Argentiniens, Jorge Luis Borges: «Die Mexikaner stammen von den Azteken ab, die Peruaner von den Inka, und die Argentinier von den Schiffen.» Für die anthropologische Forschung gebe es kein Geld, und eine Dokumentation der Lebensweisen der Ethnien im Norden des Landes könne nur durch Privatinitiative finanziert werden. Für den Bau des Museums allerdings seien öffentliche Mittel geflossen, die jedoch unsachgemäß verbraucht wurden. Das Innere des Gebäudes ist einer Stufenpyramide nachempfunden, in der es ursprünglich einen künstlichen Wasserfall gab. Doch der plätscherte nur kurze Zeit: Die hohe Luftfeuchtigkeit beschädigte die dünnwandigen Begräbnisurnen aus Santa Rosa de Tastil. Der Restaurator fragt sich – und er ist nicht der einzige –, wer denn diese abstruse Konstruktion ausgeheckt habe und dafür bezahlt worden sei. Aber so sei es eben, das Fundgut sei kostbar, aber geringgeschätzt.

Der Nordwesten Argentiniens, das Grenzland zu Bolivien und Chile, ist reich an indianischem Kulturerbe. Aber nicht jeder Argentinier will davon etwas wissen. Die Stammesverbände, die sich zwischen den grandios gefärbten, schillernden Bergrücken der Präkordillere niedergelassen hatten, blieben von den marodierenden spanischen Konquistadoren weitgehend verschont, weil die Gegend – anders als beispielsweise der Süden, der später von den sogenannten Schafbaronen unterworfen wurde – keine Reichtümer versprach. So konnten sie sich relativ unbehelligt entwickeln. Haben sich die heutigen Coya-Indianer an die argentinische Welt angepaßt? Sind sie von ihr absorbiert worden, was konnten sie bewahren?

Ein wie ein Blitz geformtes Band zieht sich an einer der glatten, dunkelroten Bergflanken in der Schlucht Quebrada de Toro hinauf. Beim Näherkommen entpuppt es sich als steiler Maultierpfad, den die Coya benutzen, um in das dahinterliegende Tal zu gelangen. Durch die Schlucht windet sich eine Autostraße, eine Eisenbahnstrecke führt an den Felswänden entlang, durch Tunnel und über kühn konstruierte Viadukte. Einige wenige grüne Flecken beleben die karge Landschaft. Man fragt sich, wer hinter diesem gewaltigen Berg, der wie eine Schranke oder wie ein Wächter wirkt, leben möchte? Welche Lebensform hat sich dort, in der schwer zugänglichen Bergeinsamkeit, durchgesetzt? Entspricht sie derjenigen, die man in der Quebrada de Toro kennenlernen kann?

Die Basílica del Santísimo Sacramento im Stadtteil Retiro, eine der zahlreichen Kirchen der Metropole. Der römisch-katholische Glaube ist Staatsreligion, auch wenn immer weniger Argentinier praktizierende Katholiken sind. Einige Bischöfe haben sich jedoch in jüngerer Zeit große Anerkennung in der Bevölkerung erworben, indem sie soziale Mißstände offen anprangern.

Im prachtvollen Hauptsaal des Teatro Colón in Buenos Aires, das als das bedeutendste Opernhaus Südamerikas gilt. Hier sangen und dirigierten fast alle Größen des Musiktheaters, von Caruso und der Callas bis zu Strawinski und Bernstein.

In kitschigen Farben gestrichene winzige Kapellen, eine Bar und ein Fußballfeld, das sind die charakteristischen Merkmale der abgeschiedenen, von stachelbewehrten Kaktuszäunen umgebenen, vereinzelten Dörfer auf unserem Weg. Die harten Kaktusstacheln sah man im Museo Antropológico, sie dienten zusammengebunden ehedem als Kämme.

Über die auf 4000 Metern gelegene Puna, einem der Dächer der Welt, fegt der kalte Wind. Plötzlich erheben sich drei Anhöhen aus dem tellerflachen Grund; sie sehen aus wie überdimensionale Maulwurfshügel. Tres Morros heißt diese Siedlung, und die Hügel tragen merkwürdigen Schmuck: eine Kapelle mit großem Kreuz, einen Friedhof und eine *apacheta*, eine Opferstelle für die Pachamama, die Muttererdgöttin der Coya.

Wie vielen Göttern die Coya huldigen, weiß man in Humahuaca nicht ganz genau, aber der Geisterglaube ist weit verbreitet. Die Schlucht Quebrada de Humahuaca zerteilt ein wenig weiter östlich dieses Ortes falbenfarbige und tiefrote Berge, deren Sockel mit schwarzen Kohlestreifen bemalt sind, bunte Phantasien der Natur. Humahuaca selbst hat nichts gemein mit den so verlassen wirkenden, winzigen Siedlungen auf dem Weg, mit ihren Tierkorralen aus getrockneten Kuhfladen. Es ähnelt mit seinen gepflasterten Sträßchen und den schmiedeeisernen Laternen an den weißgetünchten Hauswänden aus Stein einem kleinen Städtchen. Humahuaca (etwa 6000 Einwohner) bildete früher als der letzte größere Ort vor der Grenze nach Bolivien einen wichtigen Handelsknotenpunkt. Eine gewisse bescheidene Wohlhabenheit läßt sich aus seinem Erscheinungsbild immer noch ablesen.

Die 120 Kilometer lange Quebrada de Humahuaca ist für ihren Karneval berühmt, bei dem sich ganz besonders Humahuaca und die halb so große Ortschaft Tilcará hervortun. Das traditionelle Karnevalsfest der Coya mit seiner Musik und seinen Tänzen existiert allerdings inzwischen nicht mehr. In der heutigen Fiesta Máxima vermischen sich indianische und spanische Elemente (siehe Seite 127). Besondere Riten bestimmen den neun Nächte und acht Tage währenden Festverlauf, zu dessen Abschluß der Pachamama ein Opfer dargebracht wird.

Die Erdgöttin ist auch bei weiteren Anlässen im Lebensbild der Coya bestimmend. Wer sich ein Haus gebaut hat, begeht bei der Einweihung den Brauch, ein Ei zu zerbrechen, das mitten in der Stube von der Decke baumelt, indem jeder Geladene mit Pfeil und Bogen auf das Ei zielen muß. Die auslaufende Flüssigkeit wird mit dem Lehm oder dem Sand vermischt, der den Boden bedeckt. Damit ist das Haus der Pachamama geweiht. Sehr wichtig ist auch der erste Haarschnitt eines Kindes, *chujcha-rrutu*, bei dem die

An der Calle Florida im Herzen von Buenos Aires liegt die berühmte Einkaufspassage Galerías Pacífico, deren Kuppel mit kunstvollen Fresken geschmückt ist. Dieser luxuriöse Konsumtempel wurde Ende des 19. Jahrhunderts nach dem Vorbild der berühmten Pariser und Mailänder Galerien errichtet.

Die Avenida Corrientes, eines der Zentren des legendären Nachtlebens von Buenos Aires. Fast rund um die Uhr sind hier die Cafés, Bars, Kinos und Restaurants geöffnet. Im Hintergrund der Obelisk, der zum 400. Jahrestag der Stadtgründung errichtet wurde.

Eine überwältigende Ansicht: die schroffen Gipfel des Fitz-Roy-Massivs, hier von Norden aus aufgenommen.

Grandiose Felslandschaft am patagonischen Andenrand: Blick in die Schlucht des Río Pinturas. In der linken Wand des Cañons befindet sich der schwer zugängliche Eingang zur Cueva de las Manos, einer Höhle, die berühmte prähistorische Felsmalereien birgt (siehe Vor- und Hintersatz).

Eine Reise mit dem «Tren a las Nubes», dem «Zug in die Wolken», führt auch über den Viadukt La Polvorilla. Er ist die eindrucksvollste der insgesamt 13 Brücken, die zusammen mit 21 Tunnels die abenteuerliche Trassenführung quer über die Hochanden ermöglichen.

gesamte Verwandtschaft zugegen ist. Die Haare des in der Regel zwei- oder dreijährigen Kindes werden zu Zöpfen geflochten, und jeder darf einen davon abschneiden und gute Wünsche aussprechen. Bei manchen *chujcha-rrutus* hat allerdings inzwischen der Geldschein die guten Wünsche ersetzt.

Weitaus befremdlicher für europäische Sinne nimmt sich der *despenador* aus. Der, der «den Kummer und das Leid entfernt», ist ein Sterbehelfer. In den abgeschiedenen indianischen Gemeinden kann man gegen Bezahlung einen Mann engagieren, der unheilbar Kranke tötet, und das reichlich rabiat: Er bricht ihnen das Rückgrat oder erwürgt sie.

Wenn dies Señora Álvarez Villa in ihrer weiträumigen Etagenwohnung im vornehmen Stadtteil Belgrano von Buenos Aires hören würde, träfe sie vermutlich der Schlag. «No somos indios», hat die gepflegte, deutschstämmige Dame, die in der Hauptstadt Konzertzirkel organisiert und kleine historische Abhandlungen für eine Kulturzeitschrift verfaßt, wiederholt betont. «Wir sind keine Indianer.» Die Wohnungseinrichtung verrät den großbürgerlichen Geschmack der zwanziger Jahre, und die Señora ist herzlich und offen. Ihre Eltern erwarben eine Rinderfarm in der fruchtbaren Ebene um Buenos Aires, die so flach ist, daß der Himmel mit dem Boden zu verschmelzen scheint. Zur Ballsaison wurde sie wie eine klassische Debütantin nach Buenos Aires geschickt, sie trug den Gauchohut ebenso wie die Seidenkleider, sie beherrscht das Reiten ebenso wie den geschickten, gesellschaftlichen Plauderton. Sie verweist auf die teuren Ladenpassagen der Stadt als ultimatives Merkmal der unwiderruflichen Zivilisation, seien es die Galerias Pacífico mit ihren opulenten Deckengemälden oder das himbeerfarbene Recoletazentrum. Zwischen ihren feinlackierten Fingernägeln balanciert sie verstaubte Broschüren und vergilbte Zeitungsartikel, und es dürfte kaum eine Kirche in der Stadt existieren, die ihrer Recherche entgangen ist. Die Umgebung von Buenos Aires interessiert sie nur insoweit, als man dort ein *campo* habe, ein Landhaus, um am Wochenende der Stadt zu entfliehen. Die Estancias, die Viehfarmen, läßt sie natürlich gelten, da diese schließlich nachhaltig für den Reichtum und die Stabilität des Landes gesorgt haben, als Europa von den Weltkriegen erschüttert wurde.

Patagonien, das weite Land im Süden Argentiniens, steht für eine Vielfalt extremer Landschaften. Hier die Region der Bosques Petrificados José Ormachea in der Provinz Santa Cruz.

EXPORTSCHLAGER RIND

Man hat sich nie die Mühe gemacht, die Rinder, Pferde, Schafe und Ziegen zu zählen, die die spanischen Konquistadoren nach Argentinien brachten. Es war eben jeweils die geringe Menge, die auf eine der überbelegten Karavellen paßte. Schon 1580 ließ sich jedoch ab-

Die Laguna Azul, etwa 80 Kilometer südlich vom patagonischen Río Gallegos, ist ein von schroffen Felswänden aus Lavagestein umgebener Kratersee.

sehen, daß Argentinien genau das richtige Land für die Tiere war: Sie hatten sich in der Wildnis so glänzend vermehrt, daß der zweite Gründer von Buenos Aires, Juan de Garay, bereits von 8000 bis 10 000 Pferden sprach, die seinen Blicken nicht verborgen geblieben waren. Doch wenn man Gold sucht, von feindselig gestimmten Stämmen drangsaliert und mit dem Tod bedroht wird, interessiert einen die Fruchtbarkeit der Wildnis nicht, die sich außerhalb der Siedlungen ausbreitet. Und so blieben die unermeßlichen Fluren Argentiniens zunächst undomestiziert, den Reichtum an Tieren teilten sich die wenigen indianischen Stämme mit den Ausgestoßenen der argentinischen Gesellschaft, den Gauchos.

Für sie, die Söhne der *criollos* (der in Argentinien geborenen Spanier) und Indianerinnen, gab es in der strengen Kolonialgesellschaft keinen Platz. So ließen sie sich weit außerhalb der Städte, jenseits der Zivilisation nieder, lebten als Nomaden und ernährten sich von den Tieren. Als jedoch in den Städten entdeckt wurde, daß man mit dem Fleisch und den Häuten der Rinder gewinnbringend Handel treiben konnte, zäunte man die Pampa ein. Den Gauchos blieb nur die Möglichkeit, auf den neu entstandenen Viehfarmen, den Estancias, zu arbeiten.

Gleichzeitig wurde allerdings die ungebundene, «männliche», selbstbestimmte Lebensweise des Gauchos idealisiert und romantisiert. Plötzlich hatte Argentinien eine nationale Identität. Das Messer mit silberverzierter Scheide im Stiefelschaft, die weite, rockähnliche Hose, das kurze Jackett aus dickem Wollstoff und der mit Münzen verzierte Gürtel: Der Gaucho entwickelte sich

Baujahr 1920 und noch kein bißchen müde: Mit diesem alten, aber offenbar sehr robusten Bus durchquert der Wächter im Naturreservat der Versteinerten Wälder Tag für Tag die wüstenartige Landschaft.

Das Herzstück des Nationalparks Nahuel Huapí im Westen Patagoniens bildet der gleichnamige Gletschersee, der über 100 Kilometer lang, aber an keiner Stelle mehr als 12 Kilometer breit ist.

zur Galionsfigur Argentiniens. Als freier, ungebeugter Mann, der nur seiner eigenen Moral folgt, triumphierte er nicht nur in der Literatur, sondern auch auf den Theaterbühnen des Landes.

Die Exportschlager zu Anfang des Jahrhunderts, Wolle, Fleisch und Tierhäute, sind heute keine mehr. Immer mehr der riesigen Kühlhäuser, *frigoríficos*,

Der Lago Argentino im Parque Nacional Los Glaciares. Am Bootsanleger Puerto Bandera fahren die Ausflugsboote ab, von denen aus man den Upsala-Gletscher aus der Nähe bestaunen kann.

schließen. Vor den Toren von Buenos Aires an der Straße Lisandro de la Torre breitete sich einmal der größte Viehmarkt Südamerikas aus, er umfaßte 5500 Korrale. Täglich wurden hier über 40 000 Rinder an die Schlachthöfe für einen Kilopreis von etwa einer Mark versteigert.

Doch es ist nur noch ein wenig Glanz geblieben. Die hölzernen Laufstege, die Tribünen und die Korrale kann man jetzt jeden Sonntagmorgen gegen Eintritt besichtigen. Nachmittags belebt ein Gauchomarkt den Vorplatz. Es gibt Mategefäße zu kaufen und die Messer in der silberbeschlagenen Scheide, aber auch jede Menge Kunstgewerbe aus Leder.

Manche der traditionellen Landgüter haben sich inzwischen in rustikal-luxuriöse Gäste-Herbergen verwandelt. Das Umfeld mag steinig, windig, monoton, rauh und einsam sein, beim Besuch einiger dieser Estancias glaubt man an eine Sinnestäuschung: großbürgerlich wie eine Villa in Berlin-Dahlem, romantisch wie eine russische Datscha, hochherrschaftlich wie ein englisches Schloß, das Geschirr aus Dresden, die Musik aus Italien, die Säulenreihen korinthisch. Diese Prachtbauten spiegeln den Reichtum, den man sich mit Viehzucht zu Anfang des 20. Jahrhunderts erwirtschaften konnte, gleichzeitig enthüllen sie auch den Gestus

Ob prachtvoll und gediegen oder eher schlicht und rustikal: Der «casco», die Wohn- und Verwaltungsgebäude einer typischen argentinischen Estancia (oben und unten), stellt das Zentrum der riesigen Landgüter dar. Zum Schutz gegen die Sonne und die schneidenden Winde ist er meist von Bäumen umgeben.

EINE GESELLSCHAFT FÜR SICH

Die Estancias

Bis zum Ende des 18. Jahrhunderts entstanden in den Weiten der argentinischen Pampa die Estancias, riesige Viehfarmen, deren Besitzer unbehelligt vom Einfluß der städtischen Regierungen eigene Gesetze formulierten und damit gleichsam eigene Imperien schufen.

Der Tee wird in einer Bibliothek serviert, die stilvoller auch nicht in einem Londoner Club anzutreffen ist, und der Verwalter in Gauchohosen bespricht mit der Hausdame die Weinauswahl für das Abendessen. Üppigster Blumenschmuck ziert die Eingangsfront, die sich hinter einem Zaun aus hochgewachsenen, schlanken Pappeln verbirgt. Weitläufige, flache Gebäudetrakte sind mit Arkadengängen gesäumt, und im Garten gedeiht ein fußschmeichlerischer Teppich aus weichem Gras.

Wie ein trotziges Symbol gegen die scheinbar horizontlose Weite der Pampa scharen sich einige wenige Häuser im Schutz einer Pappelallee zusammen. Sie gehören zu einer Estancia, einer der autarken Vieh- und Landwirtschaftsfarmen Argentiniens, die seit über einem Jahrhundert einen wichtigen Stützpfeiler der wirtschaftlichen Produktion des Landes bilden.

Die Estancias formen den Kern einer besonderen Gesellschaft, die sich – weit abgeschieden von der Einflußsphäre der Städte – selbst Regeln verlieh. Der Estanciero übte und übt nicht nur die Rolle des obersten Verwalters aus, er war auch

das Oberhaupt der kleinen Gemeinde, die mit ihm zusammenwohnte. Das Verhältnis zu den Arbeitskräften, den Gauchos, war ein paternalistisches, so unabhängig diese ihre Arbeit auch gestalten konnten. Zu einigen Landgütern gehört sogar eine eigene kleine Kapelle, und früher wurden die Kinder dort häufig auch selbst unterrichtet.

Diese fast feudale Lebensform hat sich bis heute erhalten. Oft blendet die luxuriöse Ausstattung der Estancias. Die reichgewordenen Landbesitzer haben sich zahlreiche Annehmlichkeiten aus

Viele Estancias nehmen Feriengäste auf, die dann Gelegenheit haben, das argentinische Landleben kennenzulernen: Wer möchte, kann bei der Vieharbeit und sogar bei der Schafschur mithelfen.

der Hauptstadt in ihre Einsamkeit bringen lassen: das teure Geschirr, die wertvolle Plattensammlung, die kostbaren Sessel. Der Estanciero und spätere Präsident Argentiniens, José Urquiza (1853 bis 1859), ließ sich gar eine Palladio-Villa kopieren und diese mit Fenstergittern aus venezianischen Palazzi versehen.

Doch nicht alle Estancieros sind so wohlhabend. Die wirtschaftliche Rentabilität einer Estancia hängt von ihrer Lage, ihren Produkten und ihrer Größe ab. Die Vieh- und Ackerbau-Estancias in der Pampa Húmeda hatten am wenigsten unter den Rezessionen zu leiden. Anders sieht die Situation im Süden aus. Die Bodenbeschaffenheit dort duldete keine kleinen Anwesen, und Rinder und Kühe bekam man mit der dornigen, krautigen Kost Patagoniens nicht satt. Der große Bedarf an Schafwolle bis in die fünfziger Jahre hinein sicherte den patagonischen Schafzüchtern hohe Einkommen. Es wurde sehr extensiv gewirtschaftet, was eine Überweidung zur Folge hatte. Da die Wollpreise fielen, konnten nur die großen Güter überleben. Inzwischen lohnt sich auch eine Betriebseinheit von 4000 Schafen schon nicht mehr, selbst wenn der Besitz pro Schaf über einen Hektar Land verfügt (normalerweise rechnet man einen halben Hektar pro Schaf). Das ist das Aus für viele kleinere patagonische Güter, die sich in den vergangenen Jahren noch über Wasser halten konnten.

Ein wenig vom Glanz vergangener Tage, in denen sein Ruf dem Estanciero auch einen angesehenen Platz auf dem gesellschaftlichen Parkett der Hauptstadt sicherte, vermitteln aber heute noch die Gästehäuser der Landgüter, die für Besucher offenstehen. *Susanne Asal*

Der Palast der Schneekönigin? An die Welt der Märchen erinnert dieser Eisberg, der vor der gewaltigen Abbruchkante des Perito-Moreno-Gletschers auf dem Lago Argentino treibt. Sonne und Wind haben ihn in eine bläulich leuchtende Skulptur verwandelt.

Im Reich des patagonischen Eises: Insgesamt 14 Hauptgletscher kalben in die argentinischen Andenfußseen, ewa in den Lago Viedma oder den Lago Argentino, der zweimal so groß ist wie der Bodensee.

Der Spegazzini-Gletscher am Lago Argentino (oben).

Der Gletscher Perito Moreno kalbt in den Lago Argentino (Mitte).

Vor dem Upsala-Gletscher (unten).

eines Großgrundbesitzers, der seine Macht unbehelligt ausüben konnte (siehe auch S. 101). Ein faszinierender Lebensstil, der nicht vorgetäuscht ist, sondern einmal Wirklichkeit war.

CAUDILLOS – DAMALS UND HEUTE

Und welcher Autorität hätte sich ein Estanciero eigentlich beugen sollen? Die Repräsentanten des Staates saßen weit entfernt in der Hauptstadt, die nur in einer mehrtägigen, strapaziösen Reise zu erreichen war. In der menschenarmen Umgebung formte sich ein allseits geduldeter Paternalismus heraus. Die Großgrundbesitzer sind die geborenen Caudillos, einzelgängerische, despotische Führer, aber auch Patriarchen. Und eine bestimmende Macht in Argentinien. Ein Mann, der die politischen Geschicke dieses riesigen Landes lenken will, muß ein Visionär sein. Die Geschichte seit der Unabhängigkeit 1816 bestimmte der Widerstreit zwischen Regionalismus und Zentralismus, zwischen lokalen Einzelinteressen und staatlicher Lenkung. In Argentinien wechselten sich die beiden Strömungen regelmäßig ab.

Der lateinamerikanische *caudillismo*, die Erstarkung einzelner «Führer», die oft mit autoritären Mitteln regierten und Feinde des Intellektualismus waren, erfreut sich in Argentinien großer Beliebtheit, nicht zuletzt wegen seiner populistischen Präsentation. Darauf verstand sich auch der Peronist Menem, der 1989 in einem Klima des ökonomischen und politischen Chaos zum Staatspräsidenten gewählt wurde. Er kickte mit Diego Maradona, spielte mit Gabriela Sabatini Tennis, ließ sich in knalligen Sportwagen und hoch zu Ross im Poncho ablichten und lieferte der Boulevardpresse jede Menge Stoff mit seinen Frauenaffären und Schönheitsoperationen. Politisch leitete er mit der Ernennung von Domingo Cavallo zum Wirtschaftsminister 1991 eine neo-liberale, tiefgreifende soziale und wirtschaftliche Umformung des Landes ein, die sich eng an den USA orientierte – und die in krassem Gegensatz zu seinem ursprünglichen Wahlprogramm stand. Sie bescherte dem Land Haushaltsüberschüsse und eine Steigerung des Bruttoinlandsprodukts von bis zu 10 Prozent. Die Inflationsrate sank und Parteigenossen und die Gewerkschaften wurden mit einigen sozialpolitischen «Wohltaten» besänftigt. Linke Gruppierungen wurden systematisch isoliert.

Dank seines politischen Erfolgs konnte Menem 1994 eine Verfassungsänderung durchsetzen, welche die Stellung des Staatspräsidenten wesentlich stärkte und seine Wiederwahl ermöglichte – die Menem mit 1995 mit fast 50 Prozent der Wählerstimmen gewann. Doch

damit begann sein Niedergang – und der des Landes. Der sogenannte «Tequilla-Effekt» der Mexiko-Krise (1994/1995), die Senkung der Rohstoffpreise auf dem Weltmarkt, Energiekrise, Korruptionsskandale, Fehlleistungen und Versäumnisse der Regierung sowie eine sich verschärfende Polarisierung des Landes in Superreiche und Begüterte und massenhafte Verarmung bis tief in die Mittelschicht hinein beförderten Argentinien nahezu in den Ruin. Die Verlierer des neoliberalen Umbaus: unter anderem Rentner, Lehrer, die Beschäftigten des Öffentlichen Dienstes, Studenten, Gewerkschafter, Menschenrechtsgruppen formierten sich zur Opposition.

Die Präsidentschaftswahlen 1999 gewann Fernando de la Rúa, Bürgermeister von Buenos Aires und Kandidat des linksliberalen Oppositionsbündnisses Allianz für Arbeit, Gerechtigkeit und Bildung (Alianza para el Trabajo, la Justícia y la Educación). Die neue Regierung sah sich mit einer schweren wirtschaftlichen Rezession konfrontiert; das Land war praktisch bankrott. Die Parlamentswahlen im Oktober 2001 gewannen die Peronisten. Ende 2001 hatte Argentinien mit Auslandschulden in Höhe von 130 Billionen US-Dollar zu kämpfen – es war die schwerste Wirtschaftskrise seiner Geschichte. Schwere Unruhen wegen der schlechten ökonomischen Lage (Über 50 Prozent der Bevölkerung lebten 2002 unterhalb der Armutsgrenze; die offizielle Arbeitslosenquote betrug über 20 Prozent.) und anhaltende Proteste gegen die Regierung führten zu vorzeitigen Rücktritten und Neuwahlen, bis im Mai 2003 schließlich der Peronist Néstor Kirchner Staatsoberhaupt wurde.

Inzwischen hat sich die argentinische Wirtschaft, auch dank erfolgreicher Verhandlungen mit dem Internationalen Währungsfond, wieder etwas erholt und kann sogar einen beachtliche Erhöhung des Bruttoinlandsprodukts verzeichnen. Der Außenhandel erlebt seit 2003 ein starkes Wachstum (Agrargüter und Erdöl); die Arbeitslosigkeit ist leicht zurückgegangen, der Peso relativ stabil.

Ob ein längerfristiges Wachstum erreicht werden kann, wird neben weltwirtschaftlichen Faktoren auch davon abhängen, ob es gelingt, die gegenwärtige positive Entwicklung durch ein entsprechendes Wirtschaftsprogramm und entsprechende Strukturreformen dauerhaft und umfassend genug zu befördern. Dazu gehört auch, daß die Regierung ihr Versprechen hält, die sozialen Gegensätze zwischen Arm und Reich spürbar zu mildern.

Argentinien ist noch immer ein Land der Verheißungen und Versprechungen, ungeachtet dessen, dass die Hoffungen der Argentinier über Jahrhunderte hinweg immer wieder enttäuscht, Versprechen nicht eingelöst wurden. Sie sind geübt im Wiederaufstehen.

Ein Paradies für See-Elefanten, Seelöwen und Pinguine – das Naturreservat auf der Halbinsel Valdés an der Atlantikküste Patagoniens

Eine kleine Siesta muß sein, da nützt auch der schrillste Weckruf nichts (oben und Mitte).

Dem Charme der Maggellanpinguine kann niemand widerstehen.

Feuerland, Traumziel für Reisende auf der Suche nach einer noch fast unberührten Natur: vom Wind verformte, flechtenüberzogene Bäume am Ufer einer kleinen Bucht des Beagle-Kanals im Feuerland-Nationalpark.

Nicht weit von Ushuaia liegt die Isla de los Lobos, die Seelöweninsel, im Beagle-Kanal.

Nur das Knacken des Eises unterbricht die majestätische Stille: die Onelli-Lagune im Parque Nacional Los Glaciares.

ARGENTINIEN: PLANEN · REISEN · GENIESSEN

INHALT

Die Fahrt durch die Tälerkette des Río Calchaquí gehört zu den schönsten Reiserouten Argentiniens. Besonders eindrucksvoll ist die zwischen San Carlos und Angastaco gelegene Schlucht La Flecha, in der die Kräfte der Natur das rötliche Sedimentgestein zu bizarren Gebilden, sogenannten Scheibenbergen, aufgeschichtet haben.

ALLGEMEINE INFORMATIONEN

Lage und Größe. Von «fünf Kontinenten in einem Land» spricht die argentinische Tourismuswerbung, und das nicht ohne Grund. Argentinien ist nach Brasilien mit 2,7 Millionen Quadratkilometern der zweitgrößte Staat Lateinamerikas und umfaßt auf 3700 Kilometern Länge und bis zu 1400 Kilometern Breite die unterschiedlichsten Klimazonen von den Tropen im Norden bis zur Polarzone im Süden. Es erstreckt sich zwischen dem 22. und 55. Grad südlicher Breite und dem 53. und 73. Grad westlicher Länge. Entlang der Anden stößt das Land im Westen an Chile und im Nordwesten an Bolivien, im Norden grenzt es an Paraguay und im Osten an Uruguay.

Landschaftliche Gliederung. Argentinien besteht keineswegs, wie gern angenommen wird, nur aus flacher, baumloser Pampa – das Land hat einen beeindruckenden landschaftlichen Reichtum aufzuweisen. Es setzt sich aus mehreren, relativ homogenen natürlichen Einheiten zusammen: dem Nordwesten, dem Chaco-Gebiet, dem Nordosten (Mesopotamien), der Cuyo-Region, den pampinen Sierren, der Pampa-Region und Patagonien.

Im *Nordwesten* dominiert der auf 3000 Metern Höhe liegende Hochgebirgsblock der Puna, der wiederum von Vulkanen überragt wird. Insgesamt gibt es in Argentinien 35 Berge, die über 6000 Meter hoch sind. Der *Chaco* im Norden mit seinen Steppen, Sümpfen und Urwäldern gehört zu den wildesten und unerschlossensten Regionen des Landes.
Südlich der Puna liegt die *Cuyo-Region* mit den Zentralanden. Tropischer Regenwald kennzeichnet den *Nordosten*, das flache, wasserreiche Gebiet zwischen den großen Flußsystemen Paraná und Uruguay, das auch argentinisches Mesopotamien genannt wird.

Einst galten die Gauchos als Viehdiebe und Gesetzesbrecher, heute sind sie als «Helden der Pampa» bereits zum Mythos geworden. Tatsächlich sind sie bei der Arbeit auf den Estancias nach wie vor unentbehrlich.

Im Zentrum des Landes breiten sich die trockenen und feuchten *Pampas* und die *pampinen Sierren* aus, die *Mittelgebirgslandschaften* um Córdoba und San Luis. Südlich davon beginnt der «Patagonische Schild», ein Teil des im Erdaltertum noch zusammenhängenden Kontinentalblocks. Auf ihm haben sich Sedimentschichten abgelagert, welche die heutige, charakteristische Meseta-Landschaft *Patagoniens* formen. Die in den Anden im Westen entspringenden Flüsse haben das Tafelland tief zerschnitten und in Blöcke zerteilt. Ein besonders eindrucksvolles Zeugnis davon liefert der Río Pinturas in der Provinz Santa Cruz.
Durch die Magellanstraße vom Festland getrennt, bildet die von Vulkanen und Gletschern geprägte Insel *Feuerland* das südliche Ende der bewohnten Welt und das Tor zur Antarktis.

Tier- und Pflanzenwelt. Entsprechend der landschaftlichen Vielfalt bietet auch Argentiniens Flora und Fauna in jedem Naturraum ein unterschiedliches Bild. Im *Nordwesten* (Provinzen Catamarca, Salta, Tucumán und Jujuy) unterscheidet man drei Regionen: Die tropischen Sierras Subandinas sind reich an Wäldern aus Zedern, Lorbeerbäumen, Nußbäumen und Erlen. Hier werden Zuckerrohr und Tabak kultiviert. Die Präkordillere mit ihren Tälern und Schluchten zeichnet sich in ihren östlichen Teilen durch tropisches, in den westlichen durch arides Klima mit der entsprechenden Vegetation aus. Eine außergewöhnliche Wüstenpflanze ist der Säulenkaktus, *cardón* genannt, dessen widerstandsfähige Struktur erlaubt, ihn

Um sich vor der sengenden Sonne zu schützen, bewerfen sich die See-Elefanten an Land mit dem feuchtkühlen Uferkies – hier in der Caleta Valdés.

WAS ZÄHLT IN ARGENTINIEN:

Maße und Zahlen auf einen Blick

Zeit
In Argentinien ist es im europäischen Sommer fünf Stunden, im europäischen Winter drei Stunden früher als in Mitteleuropa. Innerhalb des Landes kommt es zu Zeitdifferenzen von +/- einer Stunde, weil nicht alle Provinzen an der Sommerzeitregelung teilnehmen.

Maße/Gewichte/Temperaturen
In Argentinien wird das metrische System verwendet. Die Temperatur wird in Grad Celsius gemessen.

Geld
Die argentinische Währung ist der Peso ($), der in 100 Centavos unterteilt wird. Der Peso ist nicht mehr an den US-$ gekoppelt. In fast allen Geschäften und vielen Restaurants und Hotels der großen Städte werden US-$ und Kreditkarten angenommen. Euroschecks werden in Argentinien generell nicht akzeptiert.

Telefonieren
Am einfachsten ist es, von den Telefonzentralen aus, die es mittlerweile in fast jeder Stadt gibt, zu telefonieren. Die Vorwahl nach Deutschland ist 0049, nach Österreich 0043, in die Schweiz 0041. Öffentliche Telefonzellen funktionieren mit Telefonkarten *(cospeles)* oder mit speziellen Telefonmünzen *(fichas)*.

Tempolimit
Innerhalb geschlossener Ortschaften gilt eine zulässige Höchstgeschwindigkeit von 40 Stundenkilometern. Das Einhalten aller vorgegebenen Geschwindigkeitsbegrenzungen wird streng kontrolliert.

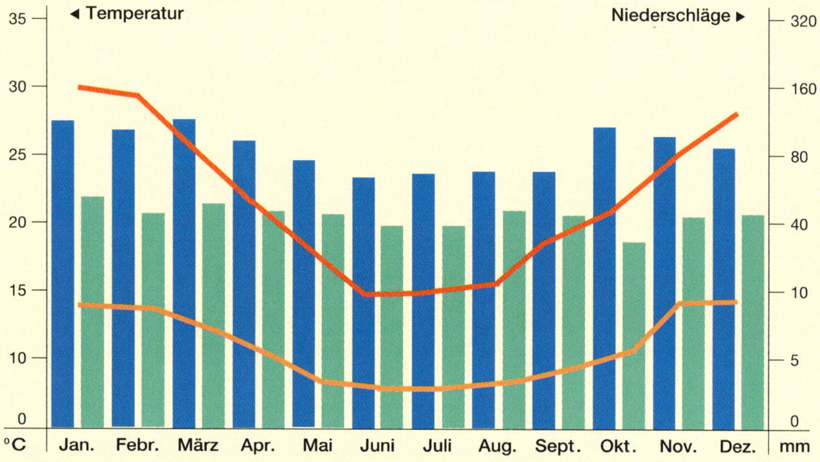

Durchschnittl. Tageshöchsttemperaturen (°C): Buenos Aires, Ushuaia
Durchschnittliche Niederschläge (mm): Buenos Aires, Ushuaia

Argentinien: Entfernungstabelle in Kilometer	Bahía Blanca	Buenos Aires	Córdoba	Corrientes	Iguazú	Mendoza	Rosario	Salta	Ushuaia
Bahía Blanca	·	689	958	1533	1981	1086	793	1861	2557
Buenos Aires	689	·	710	1048	1292	1082	308	1500	3246
Córdoba	958	710	·	912	1538	669	402	903	3515
Corrientes	1533	1048	912	·	626	1581	716	1090	4090
Iguazú	1981	1292	1538	626	·	2207	1366	1716	4538
Mendoza	1086	1082	669	1581	2207	·	883	1444	3548
Río Gallegos	1950	2639	2908	3686	3931	2941	2743	3811	607
Rosario	793	308	402	716	1366	883	·	1192	3350
Salta	1861	1500	903	1090	1716	1444	1192	·	4418
Ushuaia	2557	3246	3515	4090	4538	3548	3350	4418	·

1

2

3

1 Eine Straße in die Unendlichkeit: Von der bolivianischen Grenze bis in den Süden Patagoniens führt die Ruta Nacional 40, die als die touristisch interessanteste Strecke durch das Land gilt. Bei San Antonio de los Cobres.

2 Die patagonische Stadt Trelew, die heute 50 000 Einwohner zählt, geht auf eine um die Mitte des 19. Jahrhunderts gegründete walisische Siedlung zurück.

3 Reich an Gewässern und Wäldern zeigt sich Feuerland, das einsame Inselreich am Ende der bewohnten Welt: Blick vom Garibaldi-Paß auf den Lago Escondido.

4–6 Die verschiedenen Gesichter Argentiniens: auf der Plaza Lavalle, Buenos Aires (oben links), in einem patagonischen Hotel (oben rechts), Hochlandindianerin in Jujuy (unten).

wie Holz zu verarbeiten. Die Andenhochebene Puna auf 3000 Metern ist heftigen Temperaturschwankungen und starken Schnee- und Sandwinden ausgesetzt, es gibt nur spärliche Pflanzenpolster. Hier leben Herden wilder Guanakos, die zierlicheren Schwestern der Lamas.
Die in den Zentralanden gelegene *Cuyo-Region* mit den Provinzen La Rioja, San Juan und Mendoza läuft in östliche Richtung in Täler aus. Im trockenen Klima der Hochgebirgsregionen gedeihen Buschsteppen, die den natürlichen Lebensraum der Lamas, Vicuñas (einer Lama-Art), Füchse und Kondore bilden. In den flacheren Tälern wächst der *algarrobo*, der

südamerikanische Johannisbrotbaum. Besonders typisch sind hier Wiesel, Nagetiere, Bergkatzen und Gürteltiere. Die sogenannten *pampinen Sierren* (Provinzen Córdoba, San Luis, Santiago del Estero, Tucumán, Catamarca, La Rioja) werden durch eine Gebirgsregion und eine Talebene gestaltet. Im Westen wachsen niedrige Büsche und Dornensträucher, der subtropische Osten Tucumáns ist von Urwaldinseln durchzogen. Neben Vizcachas (einer Nagetier-Art), Wieseln und dem selten gewordenen Puma leben hier auch Schlangen.
Pampa bedeutet in der Sprache der Inka «Ebene ohne Bäume». Die *Pampa* umfaßt die Provinz Buenos Aires, Teile von La Pampa, San Luis, Córdoba und Santa Fé. Die Pampa Húmeda, die feuchte Pampa, ist durch den Niederschlagsreichtum von bis zu 1000 Millimetern jährlich sehr fruchtbar. Sie ist heute der wichtigste Agrarraum Argentiniens. Eukalyptus, Getreide, Erdnüsse, Sonnenblumen, Kartoffeln, Obst, Futterpflanzen und Blumen werden angebaut. Hier gibt es vor allem Nagetiere, Frösche, Lurche, Enten, Reiher und Flamingos. In der Pampa Seca, der trockenen Pampa, mit ihrem sandigen, oft salzhaltigen Boden findet man Dornengestrüpp sowie anspruchslose, an diese extremen Bedingungen angepaßte Pflanzen. *Patagonien* (Provinzen Neuquén, Chubut, Santa Cruz, Río Negro, Tierra del Fuego, Mendoza, La Pampa) ist ebenfalls in zwei Regionen gegliedert: die patagonischen Anden und die patagonische Tafelland-

4

5

6

schaft. Die patagonischen Anden sind wegen ihres Niederschlagsreichtums von üppigem Regenwald bedeckt. Füchse, Nutrias (eine Nagetier-Art), Zwerghirsche und Guanakos finden in dieser Region ihren Lebensraum. In der winderfüllten Tafellandschaft herrscht ein trockenes und kühles Klima vor, dort können nur wenige widerstandsfähige Pflanzen Fuß fassen. Dafür befinden sich die bedeutendsten Tierkolonien der See-Elefanten, Seelöwen, Pinguine und Meeresvögel an der Küste Patagoniens.

Nationalparks. Der erste Nationalpark Südamerikas wurde in Argentinien eingerichtet: der *Parque Nacional Nahuel Huapí*, der schon 1907 entstand. Im Jahr 1928 folgte der *Parque Nacional Iguazú*. Seit 1934 ist der Schutz der Nationalparks gesetzlich verankert. Neben der Metropole Buenos Aires bilden sie – beispielsweise mit dem *Parque Nacional Los Glaciares* in der Provinz Santa Cruz und dem *Parque Nacional Tierra del Fuego* auf Feuerland – die größten touristischen Anziehungspunkte des Landes.

Politik und Verwaltung. Zum föderalen Staatensystem der República Argentina zählen 23 Provinzen und der Distrito Federal, der Bundesdistrikt Buenos Aires. Die Provinzen werden von Gouverneuren mit eigenen Parlamenten regiert, ihre Machtbefugnisse sind aber zugunsten der Zentralregierung in Buenos Aires stark beschnitten. Diese Struktur spiegelt einen Konflikt wider, der so alt ist wie Argentinien selbst: den Dualismus zwischen Föderalismus und Unitarismus. Die Exekutive liegt in den Händen des Staatspräsidenten. Die Gesetzgebung obliegt dem Kongreß, der sich aus dem Senat und der Deputiertenversammlung zusammensetzt.

Sprache und Bevölkerung. Indianische Sprachen haben nach der Eroberung durch die Spanier nur in isolierten Gegenden überdauern können. Im Norden werden noch Quechua, Toba, Guaraní und einige weitere Sprachen gesprochen, im Süden konnten die Mapuche das Mapüngdon konservieren. Die Stämme auf Feuerland überlebten die Konfrontation nicht, doch hat ein Missionar, der Anglikaner Thomas Bridges, ihre Sprache in einem Wörterbuch aufgezeichnet. Einige Ortsnamen, wie zum Beispiel Bariloche, Ushuaia und Iguazú, verraten indianische Wurzeln. Das argentinische Spanisch unterscheidet sich in der Aussprache vom Spanisch, wie es auf der iberischen Halbinsel oder auch in anderen Ländern Südamerikas gesprochen wird. Gegenüber dem sonst verbreiteten pistolenschnellen Spanisch ist das *castellano* der Argentinier weich, melodiös, langsam und expressiv. In den Großstädten wird auch Englisch, Französisch, Italienisch ge-

1

sprochen. Die Nachkommen vieler Einwanderer pflegen noch heute ihre europäische Muttersprache, daher ist es nicht ungewöhnlich, wenn man von Einheimischen auf Deutsch angesprochen wird.
95 Prozent der Argentinier sind Weiße, Nachkommen hauptsächlich von Italienern und Spaniern. Durch die massive europäische Immigration nahmen die Mestizen – aus Verbindungen zwischen Weißen mit Indianern – nach und nach ab; heute stellen sie ca. 5 Prozent der argentinischen Bevölkerung dar. Die Ureinwohner – Mapuches, Coyas, Tobas, Matacos und Chiriguanos – machen nur 0,5 Prozent der Bevölkerung aus.

AUSKUNFT/EINREISE-BESTIMMUNGEN

Bürger von EU-Ländern und aus der Schweiz benötigen für einen Aufenthalt von bis zu 90 Tagen kein Visum. Es genügt ein Reisepaß, der bei der Einreise wenigstens noch drei Monate gültig ist. Kommt der Reisepaß abhanden, ist eine nachzuweisende polizeiliche Verlustanzeige für die Wiederausreise unerläßlich. In der Regel stellt die Botschaft kurzfristig einen Reiseausweis zur Rückkehr ins Bundesgebiet zur Verfügung. Dieser berechtigt nur zur unmittelbaren Rückreise nach Deutschland, nicht jedoch zur Weiterreise in ein Drittland. Für minderjährige Kinder, die mit einem alleinerziehenden Elternteil (oder einem anderen erwachsenen Begleiter) reisen, muß dieser eine (offizielle) Genehmigung in spanischer Übersetzung mit sich führen.

Auskunft und Informationsmaterial erhält man bei:

Tourismusabteilung der Botschaft der Argentinischen Republik
Kleiststr. 23-26, D-10787 Berlin
E-Mail: turismo@argentinische-botschaft.de
Internet: www.argentinische-botschaft.de

Secretaría de Turismo de la Nación,
Calle Suipacha 1111, Piso 20, C1368,
AR-Buenos Aires
E-Mail: info@turismo.gov.ar
Internet: www.turismo.gov.ar

Botschaft der Argentinischen Republik
Goldschmiedgasse 2, 1. Stock, A-1010 Wien
E-Mail: embargviena@embargviena.at

Botschaft der Argentinischen Republik
Jungfraustraße 1, CH-3005 Bern
E-Mail: resembar@freeserve.com

KLIMA UND REISEZEIT

Argentinien erstreckt sich vom südlichen Wendekreis des Krebses bis zum antarktischen Meer und weist vom Westen zum Osten beträchtliche Höhenunterschiede auf, die von den 7000 Meter hohen Anden bis

2

ARGENTINIENS WINDE

Auch die Argentinier läßt das Wetter nicht kalt. Jedesmal, wenn es regnet und gleichzeitig die Sonne scheint, heiratet eine Alte, lautet ein wenig ungebührlich ein Sprichwort. Ein anderes bezieht sich auf den Nordwind. *Se levantar con viento norte*, mit dem Nordwind aufstehen, heißt, daß aus dem Tag nichts mehr werden kann. Dabei ist der Nordwind noch der sanfteste unter den Luftströmen. Er bringt Feuchtigkeit und Wärme. Manchmal allerdings zuviel, wenn der *pampero* nicht anschließend einsetzt und Abkühlung verschafft. Dann kommt es zu einem Hitzestau. Der *pampero* bläst kräftig aus dem baumlosen Südwesten, keine nennenswerte Erhebung stellt sich ihm in den Weg, er kühlt und reinigt die Luft, kann aber auch gewaltige Temperaturstürze hervorrufen. Die gefürchtete *sudestalda* hingegen, die vom Südatlantik her weht, provoziert heftige Meeresstürme. Ein starker zonda allerdings ist mehr, als der Argentinier vertragen kann, ein schrecklicher Föhn nämlich, und der kommt auch noch vom ewigen Rivalen Chile: Er bläst vom Pazifik über die Anden.

3

4

5

1 Himmel, Wind und Wolken prägen das Antlitz Patagoniens. Das flache Land bietet dem Wind kaum Widerstand, der mit bis zu 180 Stundenkilometern über die Erde hinwegfegt.

2 Die weiße Wüste der Salinas Grandes, Salzseen auf der Puna-Hochebene.

3 und 4 Das gemäßigte, kühle und feuchte Klima Feuerlands hat eine vielfältige, artenreiche Vegetation geschaffen.

5 Wegen ihrer guten Weiden ist die Provinz Buenos Aires das argentinische Zentrum der Rinderzucht, mit der viele Estancieros großen Reichtum erwirtschafteten. Schon die prächtige Allee läßt erahnen, daß die Estancia La Porteña zu den besonders traditionsreichen und wohlhabenden Gütern gehört.

6 Unterwegs nach El Calafate. Dichte Staubfahnen über den ungeteerten Straßen sind typisch für Patagonien.

zur Meereshöhe am Atlantischen Ozean reichen. Aus dieser geographischen Lage erklärt sich das vielfältige Klima: im Norden subtropisch, in der Pampa gemäßigt und in Patagonien kalt. In einigen Teilen des Landes gibt es häufige und sehr ergiebige Niederschläge, in anderen Teilen herrscht Trockenheit. Die Jahreszeiten Argentiniens sind den europäischen entgegengesetzt. Januar und Februar sind die heißesten Monate (Buenos Aires: zwischen 17 und 38°C), Juli und August sind die kältesten Monate mit 1 bis 15°C). Die durchschnittlichen Temperaturen in Buenos Aires liegen im Sommer bei 23°C (hohe Luftfeuchtigkeit), im Winter bei 12°C, in Frühling und Herbst bei 17°C.
Die schönste Reisezeit ist Ende September bis Mitte März. Ideal sind die Bedingungen zum Bergsteigen und Skilaufen Ende September und Mitte März auf Feuerland. Im September/Oktober finden sich die Wale vor der Halbinsel Valdés zur Paarung und zum Gebären ihrer Jungen ein. Da im Oktober und November keine allzu große Sonneneinstrahlung herrscht, aber dennoch der Himmel schön klar ist, lohnen sich zu dieser Zeit Ausflüge auf die Puna. Im Januar gibt es hitzefrei in Buenos Aires, ein Strandurlaub in den Badeorten der Atlantikküste bis hinunter nach Comodoro Rivadavia ist daher in dieser Zeit zu empfehlen, ebenso Badeferien und Waldspaziergänge in den Sierras Central um Còrdoba. Die Gletscher im Parque Nacional Los Glaciares (Patagonien) und auf Feuerland besucht man ebenfalls am besten in den Sommermonaten.

GESUNDHEIT

Leitungswasser zum Trinken und Zähneputzen sollte vor der Benutzung abgekocht oder anderweitig sterilisiert werden. Milch ist pasteurisiert, einheimische Milchprodukte können ohne Bedenken verzehrt werden. Fisch-, Fleisch- und Geflügelgerichte sowie Obst und Gemüse sind ebenfalls unbedenklich. Vor dem Verzehr von Lebensmitteln aus billigen Straßenrestaurants wird jedoch gewarnt. Hepatitis-Impfungen vor Reiseantritt sind empfehlenswert. Die medizinische Versorgung in den großen Städten ist im allgemeinen gut, aber wesentlich teurer als in Europa. Arztkosten müssen oft sofort in bar gezahlt werden. Eine gut ausgestattete Reiseapotheke einschließlich Sonnenschutzmittel mit hohem Lichtschutzfaktor sowie der Abschluß einer Reisekranken- und -rückholversicherung werden dringend empfohlen.

6

ANREISE

Flugzeug: Die nationale Fluggesellschaft heißt Aerolíneas Argentinas (AR; Internet: www.aerolineas.com.ar). AR fliegt ab München über Madrid nach Buenos Aires. Argentinien wird zudem u.a. von folgenden Fluglinien angeflogen: Lufthansa (Direktflug über Frankfurt), KLM, Varig, Swiss (von Zürich), Airfrance, Altitalia und British Airways (Direktflug ab London Heathrow).
Durchschnittliche Flugzeiten: Frankfurt – Buenos Aires: 17 Std. 50 Min.; Wien – Buenos Aires: 17 Std. (einschließlich Umsteigen); Zürich – Buenos Aires: 15 Std.
Der internationale Flughafen von Buenos Aires, Ezeiza Ministro Pistarini International Airport (EZE), liegt 42 Kilometer südwestlich der Stadt. Linienbusverkehr in die Innenstadt (Fahrzeit ca. 40 Min.) und zum Inlandflughafen Jorge Newbery (Aeroparque).

UNTERWEGS IN ARGENTINIEN

Mit dem Flugzeug: Auch im Inland das zeit- und je nach dem auch kostengünstigste Fortbewegungsmittel. Aerolineas Argentina (AR) und Austral (AU) (Internet: www.austral.com.ar) bieten Regionalflüge im Inland an. Alle Flüge sollten im Voraus gebucht werden. Günstiger ist ein Visit South America Air Pass, den man sich am besten bereits über das Reisebüro zu Hause besorgt. Er gilt für alle Strecken in fast ganz Südamerika. Die teilnehmenden Fluglinien sind: Lan Chile (LA), Aer Lingus (EI), American Airlines (AA), British Airways (BA), Cathay Pacific (CX), Finnair (AY), Iberia (IB) und Qantas (QF). Der Paß gilt maximal 60 Tage. Eine Strecke darf nicht zweimal in derselben Richtung geflogen werden. Die erste Strecke muß fest reserviert werden, offene Strecken müssen bis einen Tag vor Abflug reserviert werden. Kinder unter 12 Jahren erhalten Ermäßigung.

Mit der Bahn: Das Netz der Personenzugverbindungen ist weitmaschig und noch im Wiederaufbau, manche Fernstrecken werden nur ein- bis zweimal wöchentlich befahren. Am besten erkundigt man sich vor Ort.

Mit dem Bus: Busse sind auf Langstrecken zuverlässiger als Züge. Für längere Strecken empfiehlt sich eine Platzreservierung. Komfortable Schnellbusse mit Klimaanlage verkehren zwischen Buenos Aires und anderen wichtigen Großstädten. Info unter www.intertournet.com.ar/terminales

Mit dem Auto: Mietwagen sind teuer. Man benötigt einen internationalen Führerschein, der vom Automóvil Club Argentino (Internet: www.aca.org.ar) gestempelt werden muß. Die Hauptverkehrswege sind ausgezeichnet, abseits davon muß aber mit schlechten Straßenverhältnissen gerechnet werden.

VON DER DROGE ZUM TEE: MATE

Der bittere, vitaminreiche Mate-Tee spielt im Leben der meisten Argentinier eine besondere Rolle: Der gemeinsame Mate-Genuß, der auf rituelle Zeremonien der Indianer zurückgeht, ist bis heute ein Symbol der Gastfreundschaft.

Der Mate gehört zu Argentinien wie das Rindersteak, der Tango und die Gauchos, allerdings wird dies uns als Besuchern häufig weniger deutlich. In den Cafés erhält man einen *cortado* (Espresso) oder einen *café con leche* (Milchkaffee), im Restaurant einen Wein oder ein Wasser, aber der Kellner würde die Augenbrauen belustigt hochziehen, bestellten wir einen *mate*, denn der findet sich nicht auf der Getränkekarte.

Der Mate ist zwar ein Tee, aber er wird nicht wie andere Teesorten in Kännchen oder Beuteln in Restaurants serviert. Mateblätter werden in einen ausgehöhlten Kürbis gefüllt und mit heißem Wasser aufgegossen; das so entstandene Getränk wird in der Regel in einer größeren Runde herumgereicht.

Mate, das sind die getrockneten Blätter des Baumes *Ilex paraguariensis*, der am Oberlauf des Río Paraná, in Misiones, Corrientes, dem Chaco und in einigen Regionen des heutigen Brasilien und Paraguay wächst. Die in diesen Gebieten beheimateten Guaraní-Indianer inhalierten seine pulverisierten Blätter, um im Zuge ritueller Zeremonien einen Trancezustand herbeizuführen und mit den Geistern der Toten zu kommunizieren. Der Baum wurde von den Indianern jedoch nicht kultiviert, sondern als Geschenk des Gottes Tupa zum Dank für die Gastfreundschaft der Guaraní verehrt. Der gemeinsame Mate-Konsum geht also auf indianische Wurzeln zurück.

Den ersten systematischen Mate-Anbau betrieben die jesuitischen Missionare im 17./18. Jahrhundert in ihren Reduktionen. Rasch trat der bittere, herbe, vitaminreiche Tee, der nun aus den Blättern zubereitet wurde, seinen Siegeszug durch den

Zubereitung und Genuß des Mate-Tees.

gesamten La-Plata-Raum an. Nicht nur in Argentinien wurde er getrunken, in Uruguay und Paraguay ist er bis heute ebenfalls fast unentbehrlich.

Weil der bittere Kräuteraufguß in der Kolonialzeit in großen Mengen genossen wurde, wuchs die Anzahl der Pflanzungen rasch. Zur Ernte beschäftigten die Kolonialherren Indianer, und die Plantagenwerber drangen auch in kleinste Dörfer ein, um Arbeiter anzuwerben.

Die Arbeitsbedingungen waren grausam: Eine feste Stundenzahl gab es nicht, die Indianer mußten solange Blätter von den Stielen streifen, bis sie das vorgeschriebene Tagessoll von mehreren Zentnern erfüllt hatten.

Wenn man durch die Wohnviertel von Buenos Aires schlendert oder sich auf einer Estancia aufhält, wird man häufig Menschen sehen, die gemütlich zusammensitzen und gemeinsam Mate trinken. Das Gefäß, in dem er herumgereicht wird, kann je nach Gusto und Geldbeutel ein einfaches, bauchiges Holzgefäß oder ein prächtiger, silberner Pokal sein. Mit etwas aufgelöstem Zucker wird es ausgeschwenkt, bevor man es etwa zu zwei Dritteln mit Mate-Blättern füllt und mit heißem Wasser (aus der Thermoskanne) aufgießt. Der so zubereitete Tee wird mit der *bombilla*, einem silbernen Strohhalm, getrunken. Jeder Teilnehmer einer Mate-Runde gibt, nachdem er getrunken hat, das Gefäß an den Ausschenker zurück, dieser füllt Wasser auf und reicht es weiter. Wer sich bedankt, gibt damit zu verstehen, daß er nicht mehr weiter bedient werden möchte.

So weitverbreitet der gemeinschaftliche Genuß ist, so üblich ist es aber auch, seinen Mate allein, während der Arbeit oder beim Autofahren, in der Küche oder am Strand zu trinken. Da sich die oberen Klassen traditionell stärker an Kultur und Lebensart Europas und der USA orientierten, gilt der Mate heute mehr als Getränk des kleinen Mannes: In den unteren Gesellschaftsschichten ersetzt er den Kaffee und Tee zugleich. *Susanne Asal*

ÜBERNACHTEN

Die steigenden Touristenzahlen sollen mit dem Ausbau von Vier- und Fünf-Sterne-Hotels aufgefangen werden. In dieser Klasse begegnet man dem vergleichbaren internationalen Standard, doch die Preise dafür sind saftig, besonders in der Hauptstadt. Angenehme, individuell gestaltete und dennoch preiswertere Unterkünfte zu finden, ist dagegen schwieriger. Generell ist das Angebot üppig und breit gefächert. Vom einfachsten Residencial, in dem das eigene Handtuch mitzubringen ist und man sich den Waschraum mit anderen Gästen teilt, bis zum luxuriösen Hotel mit Designer-Bad und Butler-Service ist den Argentiniern nichts fremd.

Eine neue Variante gewinnt immer mehr Anhänger: Urlaub auf den Estancias, die oft abgeschieden inmitten von Feldern und Weiden liegen und von denen ausgehend auch Ausflüge organisiert werden. Besonders lohnend: ein Aufenthalt auf einer Estancia im menschenleeren Süden.

ESSEN UND TRINKEN

Obwohl der Rindfleischkonsum von 101 Kilogramm auf 67 pro Kopf jährlich zurückgegangen ist: Die beliebteste Mahlzeit des Argentiniers besteht aus einem ordentlichen Stück gegrillten Rindfleischs. Die Portionen befriedigen auch den größten Hunger, und das Fleisch ist nicht teurer als Gemüse. Neben der Quantität besticht auch seine Qualität. Die Rinder verbringen fast das ganze Jahr auf den riesigen Weiden.

Vielleicht mögen sich die an Europa und den USA orientierten Argentinier inzwischen nicht mehr so ganz mit ihren

Bei einem Besuch in der Winzermetropole Mendoza sollte man es nicht versäumen, an einer Weinprobe – wie hier in der Bodega «Giol» – teilzunehmen, um sich von der vielgerühmten Qualität des argentinischen Weines zu überzeugen.

Gaucho-Eßmanieren identifizieren, jedenfalls werden jetzt immer häufiger in den Restaurants «Business-Salate» gereicht. Sie sind fast genauso teuer wie das 300 Gramm schwere *bife de chorizo* (Rumpsteak) und auch recht umfangreich. Die Salatkreationen sind vielseitig, Gemüse wird dagegen selten serviert.
Die italienische Küche ist vertreten durch Gnocchi *(noquis)*, Pizza und Spaghetti

Die Estancia La Cina Cina bei San Antonio de Areco ist auf Gäste eingestellt. Fachgerecht wird abends für die Besucher ein traditionelles Asado zubereitet.

(tallerines), die spanische durch Hühnchenrezepte aus Galicien und Meeresfrüchte. In Bariloche bekommt man Hirsch und gute Schokolade, in Esquel Forelle und in den Anden Indianisches. Der *locro* ist ein sättigender Eintopf aus Graupen, Mais, weißen Bohnen und Schweinefleisch, gewürzt mit einer scharfen Chilipaste. Das Frühstück hingegen wurde aus Frankreich importiert. *Medialunas* heißen hier die Croissants, und der Milchkaffee dazu *café con leche*. Die Art der Kaffeezubereitung ist italienisch, wenn man einen *café* bestellt, erhält man einen Espresso. Ein *cortado* ist – wie in Spanien – ein Espresso mit ein wenig Milch. Schwieriger hat es der Tee-Liebhaber, denn der einzige Tee, der mit Leidenschaft konsumiert wird, ist der Mate (siehe Seite 116).
Argentinische Weine brauchen sich hinter den französischen und italienischen nicht zu verstecken. Es gibt Spitzengewächse, und selbst der simple Tafelwein, besonders der Rotwein, ist nicht zu verachten.

EINKAUFEN UND SOUVENIRS

In Buenos Aires kann man schnell geblendet sein vom Glanz und Luxus der *galerías*, der Shopping Malls, die auch in architektonischer Hinsicht beeindrucken. Traditionelle Einkaufspassagen gibt es in den Fußgängerzonen Florida und Lavalle sowie in der Calle Corrientes. In den vornehmeren Stadtteilen Belgrano, San Isidro und Martínez befinden sich ebenfalls großzügige Einkaufszentren. Eine Fundgrube für Liebhaber von Antiquitäten bieten der sonntägliche Markt auf der Plaza Dorrego in San Telmo sowie die Geschäfte in den umliegenden Seitenstraßen (siehe auch Seite 120).

Touristen kommen hier nur selten vorbei – inmitten patagonischer Einsamkeit, über 200 Kilometer vom nächsten Ort entfernt, liegt das Hotel «Las Horquetas» in der Provinz Santa Cruz.

Für Mitbringsel wie die Messer mit Silberschaft *(facones)*, die Wurfkugeln *(boleadoras)*, verzierte Mategefäße *(mate)*, die pludrigen Gauchohosen *(bombachas del campo)* und Lederarbeiten stöbert man auf der Feria Criolla in Buenos Aires und in den Spezialgeschäften in Salta, die auch Sättel und die rotschwarzen Wollponchos der Gaucho-Armeen offerieren. Indianisches Kunstgewerbe wird in Salta, Humahuaca, Purmamarca und San Salvador de Jujuy sowie in Ushuaia angeboten. Wollpullover und Lebkuchen, *alfajores*, sind winterlich anmutende Mitbringsel aus Mar del Plata, Weinliebhaber kommen in Mendoza auf ihre Kosten. Dort verkauft man auch Marmeladen, Obstkonfekt und Honig. Wer sich für Tangomusik interessiert, sollte sich in den Plattengeschäften der Großstädte beraten lassen. Die Auswahl ist konkurrenzlos.

SPEISEN WIE DIE GAUCHOS

Feinfühlige Ästheten und empfindliche Mägen mögen sich gleichermaßen beleidigt fühlen: Das argentinische Nationalgericht *parilla* scheint eher mit den Eßsitten aus barbarischen Gauchozeiten verknüpft zu sein als mit den vernünftigen, leichten Mahlzeiten der kalorienbewußten Stadtgesellschaft der neunziger Jahre. Nicht in der Abgeschiedenheit rauhester Steinwüsten, sondern auch in den Schaufenstern der teuren, schicken Stadtrestaurants der gehobenen Preisklasse sind halbierte, aufgespießte Rinder und Lämmer um ein glühendes Kohlefeuer aufgereiht und signalisieren brutal und ungeschönt: Das wird jetzt gleich verspeist. Und was sich dann da alles auf dem Tischgrill zusammenfindet, der neben dem Eßtisch aufgebaut wird, ist nicht nur Lende und Filet, sondern ein Potpourri von allem anderen, was sich sonst noch so alles in einem Tier befindet: Nieren, Herz, knusprig gerösteter Dünndarm ...
Liebhaber üppiger, schmackhaft gegrillter Fleischgerichte kommen in Argentinien überall auf ihre Kosten. Wer sich in die Gegenden der Viehzüchter begibt, hat die Chance, ein richtiges *asado* mitzuerleben, das normalerweise die Tiermessen beschließt, ein Grillfest für alle. Das Fleisch wird dabei sehr langsam und lange gegart, auch das Essen zieht sich über mehrere Stunden hin. Jeder schneidet sich dabei mit seinem Messer ein Stück Fleisch von den Spießen. Das allerdings sollte man schon dabeihaben ...

FESTE UND FEIERTAGE

Neben den üblichen katholischen gibt es zahlreiche staatliche Feiertage; hier eine kleine Auswahl. *Nationalfeiertag* (Jahrestag der Mairevolution): 25. Mai, *Tag der Fahne:* 20. Juni, *Todestag des Generals San Martín:* 17. August, *Tag der Entdeckung:* 12. Oktober. Wissenswert ist auch, daß zwischen dem 15. Dezember und Mitte/Ende Januar halb Argentinien Urlaub macht – in dieser Zeit sind viele Geschäfte und Theater geschlossen.

SPORTMÖGLICHKEITEN

Argentinien bietet eine Fülle von Sportmöglichkeiten. Zu den reizvollsten gehören Wanderungen in den Nationalparks und Reitausflüge in das Estancia-Land. Das Angeln erfreut sich großer Be-

liebtheit. Touristeninformationen und Reiseveranstalter erteilen die entsprechenden Auskünfte.
Bergsteiger kommen in den Anden auf ihre Kosten. In Mendoza befinden sich der «Club Andinista» und die «Asociación Mendocina de Actividades de Montaña». Weitere alpinistische Zentren sind Bariloche und Chaltén (Fitz Roy). Ein ideales Ziel für Badefreunde: die Atlantikküste und die Seen rund um Córdoba.

1

2

3

4

ORTE UND SEHENSWÜRDIGKEITEN VON A BIS Z

Ziffern im Kreis verweisen auf die Karte auf Seite 111.

Bosques Petrificados ①. In der Provinz Chubut, 250 Kilometer südlich von Comodoro Rivadavia, befinden sich die zum Monumento Natural erklärten Bosques Petrificados. Diese versteinerten Wälder stammen aus der Zeit der Auffaltung der Anden vor 65 Millionen Jahren, als Patagonien noch von riesigen Araukarienwäldern bedeckt war. Versteinerte Baumstämme liegen wie weggeschleudert und zerbrochen auf einer mit Holzstückchen übersäten Wüstenerde inmitten kahler, stiller Bergzacken.

DIE STADT, DIE NIE SCHLÄFT

Dinner-Show in San Telmo um elf? Ziemlich normal. Den neuesten García Marquez oder die Gesamtausgabe von Bioy Casares um Mitternacht erstehen und den Kauf mit einem Kaffee an der Espresso-Theke der Buchhandlung verbinden? Kein Problem. Morgens um eins zum Spaghetti-Essen ins «Pippo's»? Ein Vergnügen für die ganze Familie. Und den Besuch einer Diskothek setzt man am besten auf halb vier Uhr früh an. Denn vorher ist noch nichts los. Da sitzen die Argentinier noch – siehe oben – gemütlich beim Nachtisch.
Das argentinische Nachtleben beginnt ungefähr dann, wenn wir die letzten Nachrichten des Tages hören. Wer zur gewohnten Sperrstunde in die Hotelkissen sinkt, versäumt in den größeren Städten – und ganz besonders in Buenos Aires – jedoch die Hälfte des Lebens. Und wer will das schon. Denn ein ausgedehnter Streifzug durch das turbulente Nachtleben ist genauso schön wie Weinmuseum, Cabildo und der Schiffsausflug nach Montevideo.
«Ocio» heißt der Leitfaden für Nachtschwärmer in Buenos Aires, ein buntes Oktavheft voller Vorschläge zur Abendgestaltung, das an den Zeitungskiosken zu erstehen ist. Auch die Touristeninformation hält neuerdings Broschüren zum Thema Ausgehen bereit.

Der Ort *Comodoro Rivadavia* ② wurde 1901 von den Walisern gegründet. Seit hier 1907 Erdöl gefunden wurde, entwickelte es sich zur großen «Boomtown» des Südens. Daher ist die inzwischen über 130 000 Einwohner zählende Stadt zwar nicht besonders schön, aber interessant, und der südlichste Badestrand Argentiniens, das nicht weit entfernte *Rada Tilly*, gilt als Geheimtip.

Buenos Aires ③. Die kapriziöse Hauptstadt des Landes spiegelt getreu Geschichte und Gegenwart, Wunschbild und kulturelle Zerrissenheit Argentiniens. In ihrem Zentrum und in den Vierteln Recoleta, San Telmo, Belgrano und Palermo meint man, sich in den Straßen von Paris, London, Rom, Prag, Kreuzberg, Madrid oder Neapel zu bewegen. Die Ringautobahn Avenida General Paz trennt die Provinz Buenos Aires vom *centro* und gleichzeitig das europäische vom lateinamerikanischen Element.
Besuchenswert ist das traditionelle Zentrum der Stadt um die *Plaza de Mayo*, von der die *Avenida de Mayo* ihren Ausgang nimmt. Wer eine der eindrucksvollen Demonstrationen der «Mütter der Verschwundenen» erleben möchte, die sich immer mehr zum Forum für sämtliche Protestbewegungen entwickeln, besucht die Plaza Donnerstag nachmittag ab vier Uhr. Am Maiplatz liegen das *historische Museum* im ehemaligen Rathaus *Cabildo*, die *Kathedrale* aus dem 18. Jahrhundert und der Präsidentensitz *Casa Rosada*, der übrigens wirklich schweinchenrosa ist.

Wer durch Argentinien reist, sollte auf jeden Fall mehrere Tage, möglichst sogar eine Woche, in Buenos Aires verbringen, um die wichtigsten Attraktionen der Hauptstadt kennenzulernen.

1 An der Südwestseite der Plaza de Mayo liegt der Cabildo, das ehemalige Rathaus der Stadt.

2 Die Basílica de Nuestra Señora de Pilar im Stadtteil Recoleta.

3 Ein Nachguß von Rodins Plastik «Der Denker» an der Plaza del Congreso.

4 Der Präsidentenpalast, die Casa Rosada, an der Ostseite der Plaza de Mayo.

Die Avenida de Mayo hinauf zur Plaza del Congreso ist mit schönen, repräsentativen Gebäuden mit kunstvoll verzierten Fassaden geschmückt, architektonischen Phantasien der europäischen Jahrhundertwende. Sie überquert die breiteste Prachtstraße der Welt, die Avenida 9 de Julio. Der *Kongreß* kopiert das Kapitol in Washington, und auf dem Platz davor sieht man einen Nachguß von Auguste Rodins berühmter Plastik «Der Denker».

5

6

5 Eine Oase der Ruhe inmitten des Trubels der Metropole: Im Botanischen Garten von Palermo lädt ein künstlicher See zu einer Fahrt mit dem Tretboot ein.

6 Buntgestrichene Häuser, Bars und kleine Restaurants prägen das Straßenbild von La Boca, dem Hafenviertel von Buenos Aires.

Genießer behaupten, die größte Sehenswürdigkeit der Stadt seien ihre *Cafés*. Das schönste, plüschigste und gediegenste ist das «Tortoni» in der Avenida de Mayo 829, das bekannteste das «El Molino» nicht weit vom Kongreß.

Vom Ausgangspunkt Plaza de Mayo gelangt man mit wenigen Schritten ins quirlige Geschäftszentrum. Am Ende der Calle Florida schwimmt wie eine grüne Insel die *Plaza San Martín* im Meer der Straßen, umgeben von eleganten Fassaden, großbürgerlichen Hotels und mit einem original britischen Glockenturm. Weiter nördlich schließt sich das vornehme Wohnviertel *Recoleta* mit seinem Kulturzentrum (Centro Cultural) und dem *Museo Nacional de Bellas Artes* an. Noch weiter nördlich teilt die Avenida del Libertador den Stadtteil *Palermo:* Östlich von ihr liegt das Villen- und Botschaftsviertel

DIE SCHÖNSTEN SEITEN VON BUENOS AIRES

- Die Metropole: Plaza und Avenida de Mayo, Cabildo, Kathedrale, Kongress, das «Microcentro» mit Finanzdistrikt und die Einkaufsmeile Calle Florida
- Kolonialflair und Tango: das Künstlerviertel San Telmo mit der Plaza Dorrego
- Einwandererbe: La Boca, das malerische Hafenviertel
- Schick wie Paris und Madrid: Recoleta mit dem Centro Central und sonntäglichen Freiluft-Darbietungen
- Kultur und Spaß rund um die Uhr: Obelisk, Calle Corrientes, Avenida, Santa Fé, Calle Cavalle
- Hamburg läßt grüßen: die aufgemöbelten Speicher des Puerto Madero
- Grüne Lungen: Palermo, Costanera Norte, Costanera Sur
- Künstler und ein Hauch alternatives Leben: Palermo Viejo mit seinen historischen Häusern und dem Jorge-Luis-Borges Museum
- Wohnen in gehobener Eleganz: Belgrano
- Die Freuden des Reichtums, Yachtclubs und mehr: San Isidro
- Ausflug mit dem Tren de la Costa ins grüne Inselreich des Río Paraná: El Tigre

Palermo Chico, westlich das traditionelle Palermo Viejo mit seinen langgestreckten Chorizo-Häusern. Es hat sich als bevorzugte Residenz der zahlreichen Psychoanalytiker der Stadt seinen Spottnamen «Villa Freud» redlich verdient.
Südlich der Plaza de Mayo wird es volkstümlicher. Das alte *San Telmo*, vermutlich der Ort, an dem Buenos Aires im Jahr 1536 von Pedro de Mendoza gegründet

Straßencafé in San Telmo, Buenos Aires.

wurde, vereinigt zerbröckelte Fassaden, schmale Gassen, Chorizo-Architektur, Eckkneipen für jedermann und gestylte Restaurants, teure Antiquitätenläden und aufwendig restaurierte Ateliers. Diese Mischung aus Hinfälligkeit und frischem Putz spricht viele Touristen an. Das eine Element hat das andere (bislang) nicht verdrängt. Im «Parakultural» in San Telmo, einer recht vergammelten Stahlhalle, drehen reifere Argentinier mit jungen Touristinnen ihre Tango-Runden.
Weiter südlich liegt das heruntergekommene *La Boca*, ehemals Viertel der italienischen Einwanderer und so authentisch, daß es sich 1881 von Argentinien lossagte und zur italienischen Republik ausrief. Der damalige Präsident Juan Argentino Roca verbot diese Extravaganz, die auf Initiative des in La Boca geborenen Malers Benito Quinquela Martín 1907 erneut ins Leben gerufen wurde und bis heute besteht – allerdings ohne politische Ambitionen. Quinquela Martín, der Gründer des sehenswerten *Museo de Bellas Artes de La Boca* (Avenida Pedro de Mendoza 1835), ist auch für den *Caminito*, den kleinen Weg, verantwortlich, die größte Attraktion von La Boca. Er ist ein pittoreskes Ensemble buntest angestrichener Wellblechhäuser, das die Architektur der genuesischen Fischer bewahrt, die Mitte des 19. Jahrhunderts nach Buenos Aires gekommen waren: Die billigen Konstruktionen wurden mit übriggebliebenem Bootslack bemalt. Ein Wahrzeichen der Stadt bildet die Stahlkonstruktion der *Avellaneda-Brücke* über den brackigen Seitenarm des Río de la Plata, den Riachuelo, hinüber zur Isla Maciel.

Córdoba ④. In einem anderen Land hätte die Millionenstadt vermutlich zahlreichere Verehrer. Doch Córdoba steht nun einmal im Schatten des glänzenderen Buenos Aires. Dabei ist es mit seinen historischen Bauten, dem Museumsangebot und der lebhaften Studentenatmosphäre interessant und besuchenswert. Auch bildet die Stadt den Mittelpunkt einer Provinz, deren hübsche Mittelgebirgs- und Seenlandschaften zu erholsamen Ferien einladen.
Den Beinamen «La Docta», die Gelehrte, führt Córdoba seit der Gründung seiner Universität durch den Jesuitenorden im Jahr 1613; sie ist damit eine der ältesten Hochschulen des Kontinents und die erste auf argentinischem Boden.
Kolonialzeitliche Gebäude bestimmen den Charakter um die zentrale Plaza San Martín. Die *Kathedrale* und der *Cabildo*, in dem heute die Touristeninformation untergebracht ist, entstanden im 17. und 18. Jahrhundert (sind aber architektonisch abgewandelt), den *Convento de Santa Teresa* aus dem Jahr 1628 neben der Kathedrale kann man teilweise besichtigen. Als *Jesuitenviertel* wird ein Häuserblock bezeichnet, den die Straßen Caseros und Obispo Trejo ganz in der Nähe bilden. Hier liegen die *Iglesia de la Compañía de Jesús* und das *Colegio Nacional de Montserrat*. Abseits dieses Zentrums bietet Córdoba den Anblick und die Stimmung einer betriebsamen, in Maßen modernen Stadt mit netten Fußgängerzonen, Boutiquen, Kinos und Kneipen.
Pittoresk ist das südwestlich von Córdoba gelegene Städtchen *Alta Gracia* mit der gleichnamigen Jesuiten-Estancia, die restauriert und in ein historisches Museum umgewandelt wurde. Die Erträge der umliegenden Äcker wanderten damals in die Orden und Jesuitenschulen. Vielleicht schlägt man irgendwann Kapital daraus: In Alta Gracia verbrachte Ernesto Che Guevara seine Kindheit …

Mehr als 80 000 Studenten besuchen die ehrwürdige Universität von Córdoba.

In über 250 kleinen und 25 großen weißschäumenden Kaskaden stürzen die Fluten des Iguazú in die Tiefe.

In derselben Richtung liegt die Kleinstadt *Villa General Belgrano*. Deutsche Einwanderer haben sie 1932 gegründet, und bei den Argentiniern gelten die putzigen Hotels und Pensionen, die urigen Bierseidel und die karierten Tischdecken als maßvoll exotisch. Offenes Geheimnis ist, daß viele Nazis hier Unterschlupf fanden.

1

2

Die typischen Urlaubsgebiete der Provinz erstrecken sich nördlich und östlich der Hauptstadt. Zu den zahlreichen *Ferienorten* gehören Cosquín, La Cumbre und La Falda. Die weltweit größten Exemplare des *pejerrey* (Pfeilfisch) werden aus dem Stausee *Cruz del Eje* gefischt. Im Sommer noch beliebter als die Waldlandschaften ist das lebhafte *Villa Carlos Paz* am Stausee San Roque mit einer breiten touristischen Infrastruktur.

Corrientes ⑤. Größere Goldbrassen *(dorados)* gibt es nirgendwo, behaupten die Reiseagenturen der Provinzhauptstadt Corrientes, in der das Leben einem etwas ruhigeren, subtropischen Rhythmus gehorcht. Im Río Paraná, der Corrientes durchfließt und die natürliche Grenze zu Paraguay bildet, sollen diese Prachtexemplare zu angeln sein. Ein Spaziergang entlang der Uferpromenade, ein Besuch des *Museo Histórico Colonial* oder das Schlendern auf der *Plaza 25 de Mayo* zählen zu den angenehmen Zeitvertreiben in der freundlichen Stadt, die während des Karnevals zur Hochform aufläuft. Der Karneval von Corrientes gilt als einer der spektakulärsten im Land.
Ein Ausflug zu den *Esteros de Iberá* ⑥ macht mit einem 19 000 Quadratkilometer großen Gebiet aus Sümpfen, treibenden Inseln, Flüssen und Lagunen bekannt. Über dreihundertfünfzig seltene Vogelarten, *yacarés*, kleine Krokodile, Wasserschweine und Affen tummeln sich zwischen und auf den Inselchen.

Esquel ⑦. Zwei Ereignisse zeichnen das am patagonischen Andenrand in der Provinz Chubut gelegene Esquel aus: die Gründung durch walisische Kolonisten und die Überfälle der nordamerikanischen Banditen Butch Cassidy und Sundance Kid. Beides ereignete sich Anfang des 20. Jahrhunderts. Heute ist Esquel

3

ist ein typisches Ferienstädtchen an der Schnittstelle zwischen flachem Estancia-Land und den ausgedehnten Wäldern und malerischen Seen der Präkordillere.
So bieten sich von hier aus zahlreiche Ausflugsmöglichkeiten: Obligatorisch ist die Fahrt mit der *trochita*, dem kleinen, uralten Zug, dessen Dampflokomotive noch aus dem Jahr 1927 stammt. Früher erschloß er das wegelose Estancia-Land bis hinauf nach Ingeniero Jacobacci, heute fährt man bis zur ersten Station Nahuel Pan und dann wieder zurück. Wer bis zur Endstation El Maitén reisen will, muß dort eine Woche auf die Rückkehr warten – patagonische Verhältnisse.
Das Dörfchen *Trevelín*, 25 Kilometer von Esquel entfernt und ebenfalls eine walisische Gründung, hat eine alte *Mühle*, heute ein bescheidenes historisches Museum, und die Tee-Tradition bewahrt, die man in einer *Teestube* genießen kann.
Ein Grenzübertritt nach Chile läßt einen die Anden einmal ganz anders erleben, denn die sehen dort wegen des ausgesprochenen Regenreichtums viel urweltlicher und wilder aus.
Der *Parque Nacional Los Alerces* ⑧ verdankt seinen Namen den Lärchen und anderen dekorativen alten Bäumen, darunter die fitzroya cupressoides, eine hochwachsende, südamerikanische Zypressenart. Sie gedeiht zusammen mit der Arrayane, einer Myrtenart, dem Zimtbaum und der Araukarie in dem niederschlagsreichen, 2630 Quadratkilometer großen Gelände, das malerisch von dichten Wäldern bedeckt und von Seen durchzogen ist. Im Park gibt es mehrere Übernachtungsmöglichkeiten, die zwischen November und April geöffnet sind, außerdem Campingplätze und das Hotel »Futalaufquén« am gleichnamigen See.

Feuerland. Siehe Tierra del Fuego.

Fitz-Roy-Massiv ⑨. Die berühmten Felsnadeln aus Granit und der gletschermilchgefärbte See gehören zu den Postkartenschönheiten Argentiniens. Sie bilden die Nordspitze des Parque Nacional Los Glaciares (siehe Seite 76). Der *Gletscher Upsala*, mit einer Fläche von 595 Quadratkilometern einer der größten Gletscher der Welt, bedeckt fast die gesamte Distanz zwischen dem Lago Argentino im Süden und dem Lago Viedma im Norden. Vom 230 Kilometer entfernten El Calafate werden zu bestimmten Jahreszeiten Aus-

1 Corrientes, die Hauptstadt der gleichnamigen Provinz, eine der ältesten Gründungen im Nordosten Argentiniens.

2 Als Ausflugsziel beliebt ist die in einem malerischen Tal gelegene Jesuitenkapelle von Candonga etwa 50 Kilometer nördlich von Córdoba.

3 Ein luftiges Plätzchen bietet der Musikpavillon auf dem Hauptplatz von Trelew (Provinz Chubut).

4

4 Der Kachelbrunnen auf der Plaza España in Mendoza, das als eine der freundlichsten und lebendigsten Städte Argentiniens gilt.

5 und 6 Auf der im Iguazú gelegenen Isla San Martín (unten) kann man herrliche Spaziergänge unternehmen und dabei immer wieder neue Ausblicke auf die spektakulären Wasserfälle genießen (oben).

flugsfahrten zum Fitz Roy angeboten. Man kann den einsamen *Lago Viedma* von Norden kommend auch über die typischen patagonischen Pionierstädtchen Gobernador Gregores und Tres Lagos erreichen. Den Tehuelche waren die erloschenen Vulkane des Gebirgsmassivs auf etwa 3000 Metern Höhe heilig. Sie nahmen an, daß sich dort der Gott des Feuers aufhielt. Als die Vulkane im Jahr 1782 durch den Spanier Viedma entdeckt wurden, sollen sie noch tätig gewesen sein. Erst 1952 wurde der steile Südsporn des Fitz Roy (3375 m) erstmals bestiegen. Die gesamte, recht wilde und außergewöhnliche Tundra-Umgebung eignet sich gut zum Wandern und Reiten.

5

6

Einfachere Übernachtungsmöglichkeiten gibt es in der kleinen Siedlung *El Chaltén* am Fuß des Fitz Roy. In der Nähe des Massivs bieten auch einige Estancias komfortablere Gästezimmer an.

Iguazú-Wasserfälle ⑩. «Armes Niagara», soll die nordamerikanische Präsidentengattin Eleanor Roosevelt beim Anblick der Iguazú-Wasserfälle ausgerufen haben. Kein Wunder, es sind immerhin 270 Einzelkaskaden auf einer Länge von 2,7 Kilometern, und einige von ihnen fallen 70 Meter tief in die Schlucht. Seit 1928 gibt es den 72 000 Hektar großen Nationalpark Iguazú. Die Wasserfälle werden von dem gleichnamigen Fluß gebildet, der die Grenze zwischen Argentinien und Brasilien darstellt. Auf argentinischer Seite kann man atemberaubende Spaziergänge entlang der Fälle machen, von brasilianischer Seite aus genießt man den Gesamtüberblick und kann Helikopterflüge unternehmen. In Argentinien sind sie aus ökologischen Gründen verboten.

Die Kleinstadt *Puerto Iguazú* hat keine überzeugende Auswahl an Hotels und Restaurants zu bieten, einzig das neue, große «Internacional» direkt an den Fällen lohnt seinen stolzen Übernachtungspreis. Die meisten Gäste übernachten lieber im lebhafteren brasilianischen Foz do Iguaçu.

Mar del Plata ⑪. In den Sommermonaten verlassen jede Viertelstunde von früh bis spät Busse den Retiro-Bahnhof in Buenos Aires, Zielort: Mar del Plata. Der Badeort am Atlantik ist neben San Carlos de Bariloche das beliebteste Reiseziel der Argentinier. Im Sommer entwickelt er sich zur zweitgrößten Stadt des Landes und empfängt bis zu 1,5 Millionen Besucher!

Mar del Plata hat Tradition. In den siebziger Jahren des 19. Jahrhunderts war es als Sommerfrische der Reichen angelegt worden; 1911 erhielt es ein prunkvolles Kasino und ein Grand Hotel. Doch die wohlhabenden Besucher logierten nicht im Hotel, sondern in der eigenen Villa. Diese eigene Villa hatte etwas Besonderes zu sein. Und so blühte mit dem *pintoresquismo* eine neue Architekturmode auf. Wer die wenigen Villen aus dieser Zeit besucht, versteht, was damit gemeint ist: eine bunte Mischung aus Stilzitaten – die Palette reicht von der normannischen Ritterburg bis zum Schwarzwaldhäusl. Die bekannteste ist die aus finnischem Holz gebaute Villa der Mäzenin und Essayistin Victoria Ocampo.

Um Mar del Plata hat sich eine Reihe weiterer illustrer Badeorte von unterschiedlichem Zuschnitt gruppiert. Im Süden sind es *Necochea* und *Miramar* – der eine hat eher Kleinstadtcharakter als das Flair eines reines Ferienorts, der zweite zeichnet sich durch Ruhe und Intimität aus. Reist man in den Norden, kommt man nach *Villa Gesell*. Mit seinem weiten Atlantikstrand hinter Pinienwäldern ist dieser Ort ein In-Treffpunkt für jüngere Urlauber. Richtig vornehm dagegen fällt *Pinamar* aus. Hier verstecken sich die Villen zwischen Wäldern, die Restaurants sind Extraklasse. Hier ist man so reich, daß man auf das Auto als Statussymbol verzichten kann und Rad fährt. Nördlich von Pinamar liegt *San Clemente de Tuyú*, mit dem nahegelegenen «Mundo Marino», einem Wasserpark, ein ideales Ferienziel für Familien.

Mendoza ⑫. Für die Porteños, die Hauptstadtbewohner, ist Mendoza ein Synonym für reine, gute Luft, die ja eigentlich ihrer Heimat, Buenos Aires, zugeschrieben wird, und sie sind nicht die ersten, die diese loben. Der Missionar Fray Reginaldo begeisterte sich bereits im 16. Jahrhundert über das Klima, das die Kultivierung von Bäumen und Früchten gestattete, die in Spanien heimisch waren. Damals schon baute man Wein an. Heute gehört der Rebensaft zu den wichtigsten Wirtschaftsgrundlagen der fruchtbaren Region, die sich zu Füßen der Anden ausbreitet. Mendoza mit seinen rund 121 000 Einwohnern ist hübsch und lebendig, ohne über wichtige Kulturdenkmäler zu verfügen. Seine historische Bausubstanz haben mehrere verheerende Erdbeben im 19. Jahrhundert komplett vernichtet.

So gibt es etwa ein kleines *historisches Museum* (Museo del Pasado Cuyano, Avenida Montevideo 544) und ein *Nationales Weinmuseum* im Stadtteil Maipú in einem ehemaligen Chalet der wichtigsten Winzerdynastien der Region, Giol und Gragantini. Ein eigenes *Museum* ist *General José de San Martín* (1778–1850), dem Helden der Unabhängigkeit, gewidmet (Avenida San Martín 1843).

Mendoza gilt als idealer Ausgangsort für Ausflüge in die Anden. Ihr höchster Berg, der Aconcagua (6959 m), schillert zwischen einem ganzen Ensemble schneebedeckter Gipfel hervor. Ein Tagesausflug führt zu den *Thermen von Villavicencio*, nach *Uspallata* und über einen grandiosen Paß nach *Los Penitentes*, wo ein modernes Skizentrum entstand. Von der in Schwefelfarben getauchten *Puente del Inca* über den Río Mendoza auf 2700 Metern Höhe sind es noch etwa 20 Kilometer zur chilenischen Grenze. Um die Natursteinbrücke herum wurden Kuranlagen errichtet, die ein Erdrutsch im Jahr 1965 zerstörte. Unterkunftsmöglichkeiten bieten neben Mendoza auch Uspallata, Los Penitentes und die gut besuchte Hostería «Puente del Inca». Weinproben werden von verschiedenen Weingütern angeboten.

Parque Nacional Los Glaciares ⑬. Tief im Süden von Patagonien an der Grenze zu Chile liegt der 600 000 Hektar große Nationalpark Los Glaciares mit seinen spektakulären Gletscherlandschaften, eingebettet in die – von den Polen abgesehen – größte zusammenhängende Eismasse der Welt. Der kleine Ort *El Calafate* bildet das Eingangsportal zu dem 1965 geschaffenen Nationalpark. Eine ansprechende touristische Infrastruktur mit Hotels, Reiseagenturen, Cafés und Restaurants ist hier in gemütlichen, angenehmen Holzhäusern untergebracht. Besonders eindrucksvoll ist seine Lage: Das 3000-Einwohner-Örtchen dehnt sich am malerischen, eiskalten Lago Argentino aus.

Die imposanteste Tour durch diese atemberaubend schöne und wilde Gegend führt zum *Perito-Moreno-Gletscher*, einem 4 Kilometer breiten und 60 Meter hohen Fluß aus ewigem Eis, der in einen Seitenarm des Lago Argentino kalbt. Alle vier bis fünf Jahre wird dieser durch das vorrückende Eis abgetrennt, und die dadurch aufgestauten Wassermassen durchstoßen die Eiswände. Ein außergewöhnliches Erlebnis ist die Fahrt über den Lago Argentino zum gewaltigen *Upsala-Gletscher*. Eine weitere Bootstour führt zu den Gletschern *Onelli* und *Spegazzini*. Der Park ist mit Schutzhütten und Campingplätzen ausgestattet.

Península Valdés ⑭. Auf der Halbinsel Valdés in der patagonischen Provinz Chubut befinden sich die bedeutendsten Tierkolonien Argentiniens. Das Naturreservat ist von Puerto Madryn oder Trelew aus leicht zu erreichen. Die Landschaft ist arid, einsam, windig und hügelig, die Salinas Grandes im Inneren der Halbinsel liegen 40 Meter unterhalb des Meeresspiegels. Eine Hostería und zwei Pensionen im Ort Puerto Pirámides nehmen Gäste auf, die länger bleiben wollen; Eilige besuchen die Península an einem Tag. Auf dem schmalen Isthmus, der sie mit dem Festland verbindet, befindet sich eine Aussichts-Plattform zur Beobachtung der Flamingos und Kormorane auf der Vogelinsel *Isla de los Pájaros*. Berühmter sind die Kolonien der See-Elefanten an der *Punta Norte* und an der *Punta Delgada* sowie die Paarung der Wale, die sich von Juli bis Ende November vor den Küsten der Halbinsel aufhalten. Dieses Spektakel lockt zahlreiche Gäste an, und das nicht immer zur Freude der Parkwächter. Inzwischen darf sich nur noch eine begrenzte Anzahl von Touristen in den Schutzgebieten aufhalten. Pinguine und Seerobben lassen sich in den Kolonien an der *Caleta Valdés* betrachten.

1

2

3

4

1–3 Phantastische Skulpturen vor einem Gebirge aus Eis: die Abbruchkante des Perito-Moreno-Gletschers.

4 Las Bóvedas, «die Gewölbe» – die ehemaligen Silberschmelzen der Jesuiten nicht weit von dem Ferienort Uspallata (Provinz Mendoza).

See-Elefanten in Caleta Valdés.

Quebrada de Humahuaca ⑮. Der Bundesstaat Jujuy weist neben Salta die reichste indianische Tradition in Argentinien auf. Besonders eindrucksvoll präsentiert sie sich in den Dörfern der Quebrada de Humahuaca. Auch landschaftlich ist diese Schlucht von bedeutendem Reiz. Das 120 Kilometer lange Tal am Rand der Puna-Hochebene liegt eingebettet zwischen hohen, kahlen Bergschranken, die in den schönsten braunen und roten Farbschattierungen leuchten. Hinter dem winzigen Ort *Purmamarca* auf 2000 Meter Höhe ragt der Cerro de los Siete Colores, der «Berg der sieben Farben», in die Höhe. Um die hübsche kleine Plaza herum wird Kunstgewerbe angeboten. Das bereits 2500 Meter hoch gelegene *Tilcará* ist auf dem besten Weg, ein beliebtes Refugium für Hippie-Urlauber zu werden. Es gibt dort ein recht kurioses und empfehlenswertes *Museo Arqueológico* und ein nettes Museumscafé an der Plaza. Außerhalb des Örtchens liegen die Reste einer *Pucará*, einer indianischen Festung aus der Zeit um 1300 n. Chr.

Humahuaca mit fast 7000 Einwohnern hat da ein bißchen mehr städtischen Charakter. Das *Museo Folklórico* ist schlecht geführt und sehr teuer, aber interessant. Direkt nebenan liegt die Jugendherberge. In Tilcara und Humahuaca gibt es kleinere Pensionen und jeweils ein Hotel. *9*

1

2

Salta ⑯. Salta, *la linda:* Salta, die Hübsche, liegt als Provinzhauptstadt im Nordosten Argentiniens auf 1200 Metern zu Füßen einer wundervollen Gebirgslandschaft. Die Heimatstadt des Gaucho-Generals Martín Miguel de Güemes besitzt hübsche, gepflegte Straßenzüge und einige kolonialzeitliche Architektur, schöne Kirchen wie die rotgoldene, 1796 erbaute *Iglesia San Francisco* und das harmonisch-ruhige Kloster *San Bernardo*, ein sehenswertes *Stadtmuseum* im Cabildo, dem Rathaus, ein attraktiv aufgemachtes *Museo Antropológico* und einen *Kunstgewerbemarkt* mit indianischen Produkten, der in einer alten spanischen Mühle untergebracht ist. Die berühmten *empanadas salteñas* (Fleischpastetchen) bekommt man an den Freiluftständen des Patio de la Empanada; zum Kaffee und Apéritif trifft man sich in der Confitería des Hotels «Salta» an der Plaza 9 de Julio.

Schöne Ausflüge in eine attraktive Erosionslandschaft führen über die Bergkette Cuesta del Obispo in das archaische *Cachi* ⑰, das ein kleines Archäologisches Museum und eine Kirche aus dem 18. Jahrhundert beherbergt. Der Ort *Cafayate* ist der malerische Endpunkt einer Tour von Salta aus nach Süden in die *Valles Calchaquíes*.

Zu einer international bekannten Attraktion hat sich der *Tren a las Nubes*, der «Zug in die Wolken», entwickelt. Das touristische Potential der ehemaligen Salpeter-Frachtstrecke quer durch die atemberaubenden Landschaften der Zentralkordillere hinüber nach Chile war schnell entdeckt. Heute verkehrt der Zug in der Trockenzeit zwischen April und November jeden Samstag. Dann füllen fünfhundert Tagesausflügler die Waggons der Einspurbahn. Die Strecke klettert zwischen von Erzen bunt gefärbten Bergflanken hinauf nach *San Antonio de los Cobres.* Von dem noch etwa 20 Kilometer entfernten Viadukt La Polvorilla, mit über 4400 Meter dem höchsten Punkt der Reise, geht es nach kurzem Aufenthalt wieder zurück nach Salta.

Eine lustige Alternative zum Zug ist der Movitrack. Ein unkonventionelles deutsches Ehepaar ließ sich ein originelles

3

4

1 In den Valles Calchaquíes leben vor allem Hirten indianischer Abstammung.

2 Indianerfriedhof in der Quebrada de Humahuaca.

3 Die Kirche San Francisco in Salta mit ihrer auffälligen roten und goldenen Bemalung.

4 Der Hauptplatz des auf 2280 Meter Höhe gelegenen Andendorfs Cachi mit der Kirche San José aus dem 18. Jahrhundert.

5 Myrtenwald im Parque Nacional Nahuel Huapí, dem ältesten Nationalpark Argentiniens.

6 In den argentinischen Herbstmonaten März und April werden in den Calchaquí-Tälern die Pfefferschoten zum Trocknen ausgelegt.

Mobil Home, eine Art Wohnmobil, anfertigen und kutschiert damit bis zu 18 Gäste an den Gleisen entlang und hinüber auf die Puna. Die Rückfahrt erfolgt über die Quebrada de Humahuaca und Purmamarca.

San Carlos de Bariloche ⑱. Bariloche gehört zu den meistbesuchten Urlaubszielen Argentiniens. Die über 100 000 Einwohner zählende Stadt am Rand der patagonischen Anden liegt am Südufer des verwunschen-schönen, riesigen *Nahuel-Huapí-Sees*. Zimtbaumwälder, schneegekrönte Bergprospekte, dazu eine umfassende touristische Infrastruktur: Auch wenn es in Bariloche zu jeder Jahreszeit sehr lebhaft zugeht – im Winter ist der Ort eines der bedeutendsten Skizentren der Anden –, lohnt sich der Besuch. Als Kontrast zu dem Trubel der Stadt bietet der *Parque Nacional Nahuel Huapí* ⑲ Einsamkeit, Ruhe und vor allem unberührte Natur. Bariloche offeriert ein umfassendes Ausflugsangebot. Die beliebteste Exkursion ist die «Sieben-Seen-Reise» hinüber nach Chile, die bis an den von dem Vulkan Osorno überragten Llanquihue-See führt.
Für den, der außerhalb der Stadt übernachten möchte und nicht sparen muß: Das oberhalb des Seeufers gelegene «Llao Llao» gilt als eines der schönsten Hotels ganz Südamerikas.

KARNEVAL IN DER QUEBRADA

Dort, wo das Hochland Argentiniens in die bolivianische Puna übergeht und sich durch von Schwefel, Kupfer und Eisen gefärbte riesige Bergschranken tiefe Schluchten schneiden, wird einer der außergewöhnlichsten Karnevals des Landes gefeiert: Bei dem jährlich im Februar in den Orten der Quebrada de Humahuaca (Provinz Jujuy) begangenen Fest, das neun Nächte und acht Tage dauert, verschmelzen die traditionellen Riten der Coya-Indianer mit den durch die Spanier eingeführten christlichen Bräuchen zu einem wundersamen Spektakel.
In der ersten Nacht besteigt die Gemeinde einen Berg, um sich dort zu verkleiden. Dann bringt sie gleichsam symbolisch das Fest wieder in das Tal zurück. Die Tage werden tanzend auf den Straßen verbracht, die Nächte in den Häusern gefeiert. Am Abend des «Sonntags der Versuchung» steigen die Festteilnehmer erneut auf den Hügel und legen dort eine Opferstätte für die Pachamama an. In dieses Erdloch wandern dann die unverzichtbaren Ingredienzen des Karnevals: Luftschlangen, Zigaretten, Branntwein und Kokablätter. Man bittet die Erdgöttin um ein weiteres Fest im folgenden Jahr. Abschließend wird eine Figur eines Teufelchens verbrannt und bestattet. Teufel, Indio, Zigeunerin, Gaucho, Koch und Arzt sind die am häufigsten gewählten Verkleidungen. Warum ausgerechnet diese? Die Nachfragen werden mit einem Lächeln quittiert.

5

San Ignacio Miní ⑳. Die berühmteste der von den jesuitischen Missionaren im 17. Jahrhundert gegründeten indianischen *reducciones* (spanisch reducir: zusammenführen, zurückführen) wurde sehr aufwendig restauriert und von den nimmermüden Überwucherungen des Dschungels befreit. Auf dem 10 Hektar großen Gelände lebten zu Beginn des 18. Jahrhunderts bis zu 4000 Indianer in den flachen, einstöckigen Wohntrakten, die wie die Gemeinschaftsräume und Werkstätten zu besichtigen sind. Auffallend schön ist die Ruine des Kirchenportals aus rot schimmerndem Buntsandstein, auf der die indianischen Steinmetze ihre Pflanzenwelt verewigten.
Wie San Ignacio Miní sind auch die weiteren Guaraní-Reduktionen der Provinz Misiones gut von der Provinzhauptstadt Posadas aus zu erreichen: *Santa Ana*, *Candelaria* und *Loreto*. Sie sind nicht restauriert und malerisch vom Urwald überwachsen.

San Juan ㉑. Zusammen mit der benachbarten Provinz Mendoza bildet diese ebenfalls am Andenrand gelegene Provinz das bedeutendste Weinanbaugebiet Argentiniens. San Juan ist wüstenhaft und

6

von Erosionslandschaften durchzogen. Seine bekannteste touristische Attraktion: das 300 Kilometer nördlich der Provinzhauptstadt San Juan gelegene *Valle de la Luna* ㉒. Parkwächter bieten Rundfahrten durch dieses Tal an; wer mit dem Mietwagen anreist, wird von einem dieser *guardaparques* begleitet, der den Weg zu den spektakulärsten, von den Kräften der Erosion geschaffenen Sandsteinformationen weist. Vor etwa 232 Millionen Jahren war die trockene und kahle Landschaft, die heute völlig unbelebt wirkt, von Urwald und Seen bedeckt und von zahlreichen Reptilien bewohnt. Allmählich änderte sich das Klima; Hebungen, Verwerfungen und schließlich ein Vulkanausbruch veränderten das Gesicht der Gegend. Fast scheint es, als wollten die Steine und buntgefärbten Sedimente der phantastischen Felslandschaft den Verlust der Pflanzendecke wettmachen, so zahlreich und vielgestaltig sind ihre Formen. Übernachtungsmöglichkeit im Dorf San Agustín del Valle Fertíl.
Weitere Ausflüge in die stille, malerisch-bizarre Wüstenlandschaft mit ihren kleinen Oasentälern führen nach *Las Flores*, *Pismanta* (dort gibt es eine Hostería), *Rodeo* und *San José de Jáchal*. Die Provinzhauptstadt selbst verfügt über keine großen Sehenswürdigkeiten, ihre historische Substanz fiel 1944 einem schweren Erdbeben zum Opfer.

Tierra del Fuego (Feuerland) ㉓. Die eiskalte, von Stürmen und Winden umtoste Südspitze Argentiniens erhielt ihren Namen von den spanischen Seefahrern, die von den nächtlichen Lagerfeuern der hier lebenden Indianer beeindruckt waren. Geographisch gehören neben der Isla Grande, der Großen Insel, auch die Antarktis-Anteile Argentiniens und die Inseln des Südatlantiks zur Provinz.

Die von tiefen Buchten und Fjorden zerschnittenen, einsamen Ufer Feuerlands vermitteln dem Reisenden schnell das Gefühl, das Ende der Welt erreicht zu haben. Der nördliche Teil der Hauptinsel ist ein weites, von trockener Steppe überzogenes Tafelland. Hier residierten die sogenannten Schafbarone, wohlhabende Besitzer riesiger Schaffarmen, die meist bis heute betrieben werden. Das Herz der Insel bilden der von dichten Wäldern umgebene *Lago Yehuin* und der *Lago Fagnano*. Eine verschneite Gebirgslandschaft rahmt ihr Südufer am Beagle-Kanal ein. Hier konzentrieren sich die landschaftlichen Schönheiten. Der *Parque Nacional Tierra del Fuego* mit seinen dichtbewaldeten Meeresufern, versteckten, tiefen Seen und alten Nothafagus-Gehölzen umfaßt 63 000 Hektar. Er verfügt über einen Campingplatz, Bungalows und ein Hotel. Tagesausflüge in den riesigen Park werden von Ushuaia aus angeboten, das den touristischen Mittelpunkt Feuerlands bildet.

Blick auf den Ortsrand von Ushuaia, der südlichsten Stadt der Erde. Im Hintergrund der markante Gipfel des Monte Olivia.

EIN MUSEUM AM ENDE DER WELT

Sicherlich gibt es prächtigere, vermutlich gibt es auch wichtigere, aber stimmungsvollere Museen gibt es in Argentinien selten: Das Museo del Fin del Mundo liegt am Ende der Welt, in Ushuaia auf Feuerland, und es sieht genauso abenteuerlich darin aus, wie sein Name klingt.
In dem gemütlichen Haus mit Glas- und Holzerker atmet man sofort Seefahrer- und Entdecker-Atmosphäre. Das mag an der prächtigen Galionsfigur, der Duchess of Albany, liegen, die von der Decke baumelt. Das Museum ist nicht einer Disziplin gewidmet, sondern zeigt in seinem bescheidenen Rahmen Exponate zur Geschichte und Landeskunde: ausgestopfte Vögel, Fundstücke von Schiffen, Fotos der Selk'nam- und Yamana-Indianer, aufgeschlagene Bücher, Dokumente. Es wirkt ein bißchen so, als habe der Zufall die Sammlungen an diesem Ort zusammengeführt, denn nichts ist hier perfekt, nichts fertiggestellt. Aber die Museumsbesucher, die bis ans Ende der Welt gereist sind, werden es damit wohl auch nicht so genau nehmen. Ushuaia, Avenida Maipú 174, Ecke Avenida Rivadavia.

Ushuaia ㉔. Die südlichste Stadt der Welt bestand noch zu Beginn des 20. Jahrhunderts lediglich aus einem Gefängnis für Schwerverbrecher, einem Marinestützpunkt und einem Verwaltungsgebäude. Die wenigen Fischer lebten vom Fang der *centolla*, der seltenen Seespinne, deren Fleisch geschmacklich an den Hummer erinnert und heute in den Restaurants von Ushuaia als Spezialität begehrt ist.
Attraktive Steuersenkungen für Importware und Firmenansiedlungen haben Ushuaias schnelles Wachstum gefördert. Inzwischen ist auch der Tourismus von großer wirtschaftlicher Bedeutung. Heute zählt die Stadt vor der dramatisch schönen Kulisse des beschneiten Martialgletschers über 40 000 Einwohner. Ihr Zentrum, die Hauptstraße San Martín, hat einen Saum gemütlicher Holzhäuser mit buntgestrichenen Giebeldächern. Duty-Free-Shops, Reiseagenturen, Restaurants und Cafés wechseln sich ab. Das attraktive und ein wenig nonchalant aufgemachte *Museo del Fin del Mundo* in der Avenida Maipú 174 sollte man sich nicht entgehen lassen. Wer sich für das ehemalige Gefängnis interessiert, kann bei der Touristeninformation erfragen, ob das Gebäude zu besichtigen ist. Das *Presidio* war von 1912 bis 1947 in Betrieb und konnte mehr als siebenhundert Häftlinge aufnehmen. Diese übrigens bauten die Strecke für eine Dampf-Eisenbahn, mit der man heute Panoramafahrten durch den Nationalpark unternehmen kann.
Die attraktivsten Hotels liegen außerhalb der Stadt. Seine *centolla* verspeist man im gemütlichen Restaurant »Tante Elvira« oder im »El Viejo Marino«.

Walisische Gründungen. Im Jahr 1865 ankerte die »Mimosa« vor der steinbestreuten Küste Patagoniens und entließ hundertfünfzig Waliser, die recht enttäuscht ihre zukünftige, von Gestrüpp bedeckte Heimat in Augenschein nahmen. Der Hafen Puerto Madryn wurde angelegt, aber nicht mit nennenswerten Siedlungen umgeben, weil es dort kein Wasser gab. Weiter südlich, am Río Chubut, fanden die Kolonisten geeigneteres Gelände und gründeten die Orte Trelew und Rawson. Die Uferstriche verwandelten sich in blühende Obst- und Gemüsegärten. Quer über die gesamte Meseta-Landschaft bis hinüber zum Fuß der Anden zog die expandierende Gemeinde. Weitere walisische Gründungen in der patagonischen Provinz Chubut sind Esquei (siehe Seite 122), Trevelín, Gaiman, Dolavon und Sarmiento ㉕.
Das moderne, geschäftige *Trelew* (walisisch: »das Haus des Lewis«) bildet den wirtschaftlichen Knotenpunkt der Region und besitzt noch eine Eisenbahnstation aus der Gründerzeit. Zwanzig Kilometer entfernt liegt am Río Chubut inmitten einer reichen Kulturlandschaft das Dörfchen *Gaiman*. In einigen der niedrigen Backsteinbauten aus dem 19. Jahrhundert wird die walisische Teezeremonie als touristische Attraktion zelebriert.
In dem noch kleineren, properen Ort *Dolavon* ist ebenfalls noch die alte Eisenbahnstation erhalten. *Puerto Madryn* ㉖ hat sich zu einem beliebten Küstenbadeort entwickelt. Das Klima dort ist auch im Sommer nicht zu heiß. Einen Zuwachs an Touristen hat dieser Stadt auch die Nähe zu den Tierkolonien auf der Halbinsel Valdés erbracht.

Eines der Naturwunder im Westen Argentiniens: die Natursteinbrücke Puente del Inca (im Hintergrund) über den Río Mendoza. Früher wurden die hier entspringenden Quellen für Thermalkuren genutzt. Rechts die Ruine des durch einen Erdrutsch zerstörten Kurhauses.

Ausläufer des Perito-Moreno-Gletschers auf dem Lago Argentino.

Der Perito-Moreno-Gletscher im letzten Abendlicht.

PATAGONIEN

Fotografie Hubert Stadler
Text Susanne Asal

Am riesigen Gletschersee Lago Argentino bei Puerto Bandera.

DAS LAND DER VERHEISSUNG

Auf der Halbinsel Valdés, mit ihren flachen und sandigen Schelfküsten ein beliebter Tummelplatz für Seelöwen und See-Elefanten, die von weitem kaum von den verstreuten Uferfelsen zu unterscheiden sind.

DIE RIESEN MIT DEN GROSSEN FÜSSEN

Die erste Nachricht, die man in Europa vernahm, war, daß es dort Riesen gebe, die am Strand tanzten und sich Sand auf den Kopf streuten. Es gebe auch noch alles andere mögliche, Zwerge, Menschenfresser, Amazonen, aber eben auch Riesen, die eine Höhe von über drei Metern erreichten. Übereinstimmend erzählten das der portugiesische Weltmeerfahrer Fernando Magallanes im Jahr 1520, der spanische Kapitän Simón de Alcazaba y Sotomayor 1535 und der englische Seefahrer Thomas Cavendish dann im Jahr 1578. Eine seltsame und unbekannte Erde, auf die man da gestoßen war.

Die mittelalterliche Welt Europas schmolz gerade ihre Grenzen ein, die Wissenschaft schälte sich zögerlich aus ihrer alchimistischen Umklammerung, der Renaissancemensch emanzipierte sich aus dem dunklen Kämmerlein des verordneten gottergebenen Unwissens, da erblühten die Phantasien in den funkelndsten Projektionen. Es ist das Jahrhundert des Dr. Faustus, das frisch anbricht. Die Lust an der Welterschließung ist erwacht, Barrieren im Denken lockern sich, neue Wege werden beschritten; einige, wie die Inquisition, führen allerdings auch wieder zurück.

Die Zeit verlangte nach neuen Bildern. Der Stoff dafür stand seit Jahrhunderten bereit, denn Vorstellungen über unbekannte Welten gab es schon, bevor sich die ersten Europäer über das Meer gewagt hatten. Wo sollte das Atlantis des Platon zu finden sein, wo das Duhare des Pedro Martir de Angleria? Wo das Reich der roten Menschen des arabischen Geographen El Edrisi und wo die Insel Brasil, die unter genau diesem Namen im Medicäischen Atlas aus dem Jahr 1351 verzeichnet ist? Diese Erden mußte es geben, und die Zeit war reif, um sie zu suchen: Über dem Ozean, vorbei an den Säulen des Herkules, vorbei an Gibraltar und Abila, dort wurden sie vermutet, das hatten kühne Männer und Philosophen doch schon immer behauptet. Kartographen wie Martin Behaim aus Nürnberg und Martin Waldseemüller hatten ihre Lage geortet und aufgeschrieben. Und die ersten Seefahrer hatten es bewiesen.

Doch wie sollte man sich nun die Bewohner dieser fernen Länder vorstellen? Darüber verweigerten die Quellen deutlichere Auskünfte, so daß unsere Entdekker keinerlei wissenschaftliche Ausstattung mit über die Ozeane nahmen. Das, was sie erblickten, unterlag ihren eigenen Interpretationen. Konnten sie nicht entziffern, was sie tatsächlich sahen? Mit unbekümmertem Pinsel malte die Phantasie die unwahrscheinlichsten Gestalten in die andere Welt hinein, Fabelwesen ohne Hals, andere mit dem Kopf mitten auf dem Bauch, wie aus einem Gemälde von Hieronymus Bosch entstiegen.

Und so kam es auch zu den Riesen, die Patagonien seinen Namen gegeben hatten. «Patas grandes» – große

Friedliches Miteinander der Seelöwen und See-Elefanten in der Reserva Faunística Punta Norte, wo sich die gewaltigen Meeressäugetiere bei Ebbe in den feuchten Sand der Strände eingraben. Vom Menschen wurden diese harmlosen Tiere jedoch nicht geschont, beide Arten sind von der Ausrottung bedroht.

Damit es den See-Elefanten an Land nicht zu warm wird, bewerfen sie sich mit dem feuchtkühlen Uferkies. Hier in der Caleta Valdés.

Füße – soll der Portugiese in königlich-spanischen Diensten, Fernando Magallanes, ausgerufen haben, als er zum ersten Mal Fußspuren der Einheimischen erblickte. (Nach einer anderen Deutung von Lida de Malkiel aus dem Jahr 1952 ist ein Ungeheuer namens «Patagon» für die Namensgebung zuständig.) Antonio Pigafetta, Sohn einer Patrizierfamilie aus Vicenza, der im letzten Augenblick von dem spanischen Kaiser Karl die Genehmigung erhalten hatte, Magallanes zu begleiten, trägt über die erste Begegnung mit einem dieser Unbekannten in sein Tagebuch ein: «Dieser Mann war so groß, daß ihm der Kopf des Größten von uns nur bis zum Gürtel reichte ... Die Frauen sind nicht so groß, aber außergewöhnlich dick mit riesiger Brüsten.» Es ist März 1520, und Magallanes hat an der Stelle Anker werfen lassen, wo sich heute der Ort Puerto San Julián in der Provinz Santa Cruz befindet, in einer weiten, öden, von Steinen bedeckten Bucht. Damit begann der Teil der Geschichte Patagoniens, der zugleich auch eine Geschichte Europas ist, denn Patagonien wird zum Spiegel des Abendlandes, zur Wunschvorstellung, zur Verheißung. Und das ist es bis heute geblieben.

See-Elefanten auf der Halbinsel Valdés. Die massigen Tiere, die in großen Herden leben, gehören zur Familie der Seehunde und zählen mit einer Länge von bis zu sechs Metern und einem Gewicht von bis zu vier Tonnen zu den mächtigsten Säugetieren der Welt.

CÄSARENSTÄDTE IN DER WILDNIS

Die indianische Kultur blieb blaß in dem Teil Patagoniens, der später der argentinische werden sollte. Die einheimischen Tehuelche besaßen als Nomadenvolk nur wenig greifbares Material ihrer Vergangenheit, und so groß waren sie gar nicht, wie man mittlerweile weiß, ungefähr 1,80 Meter. Magallanes hatte beabsichtigt, zwei dieser Männer nach Europa an den spanischen Königshof zu entführen; dort hätten sich die Legenden dann vermutlich rasch aufgelöst, doch der unglückliche Ausgang seiner Expedition verhinderte dies, und so geisterten «die Riesen» weiterhin in den Köpfen der Europäer herum. Die Literatur nahm sich ebenfalls gerne dieses geheimnisvollen Fundus an. Das Vorbild des wilden Caliban in Shakespeares «Sturm» beispielsweise soll ein Patagonier gewesen sein, eine krude Fassung eines Naturburschen als Gegenentwurf zur machtbesessenen höfischen Lebenswelt.

Als der Naturforscher Antoine de Bougainville Patagonien im 18. Jahrhundert besuchte, waren die Fabelwesen auch schon von drei auf zwei Meter zusammengesurrt wie ein überspanntes Gummi. Kein Wunder – zu diesem Zeitpunkt hatten sich die überschwenglichen Phantasien schon abgeschliffen an dem harten Geschäft des Kolonisierens, und man betrachtete die Menschen der neuen Kontinente in einem realistischeren Licht.

Fortan wird zweigleisig verfahren, denn ganz aufgeben wollte Europa sein Traumfutter auch nicht, und so hielt sich bis ins späte 18. Jahrhundert hinein die

Gutmütige und beliebte Tiere, die aber wegen ihrer Felle dennoch schonungslos gejagt wurden: See-Elefanten in der Caleta Valdés, dem geschützten Haff im Osten der gleichnamigen Halbinsel, und in der Reserva Faunística Punta Delgada.

Legende von den Cäsarenstädten in Patagonien. Auch sie hatte einen historischen Hintergrund: Eine Expedition unter Francisco César drang 1526 bis in die Gegend des heutigen Córdoba in Argentinien vor, wo man von dem Inka-Reich hörte, das einige Jahre später Francisco Pizarro erobern sollte. Von vergoldeten Cäsarenstädten war danach immer wieder die Rede, doch niemand identifizierte sie als Städte des Tupac Amaru.

Die Legende erlaubte die schönsten Phantasien. «Die Cäsaren leben in Steinhäusern. Sie gehen bekleidet und bedienen sich silberner und goldener Eßgeräte», erzählt beispielsweise Juan Ramírez de Velazco 1586. Gewaltige Steinbauten mit andalusischen Patios und der Wappenkrone Leons und Aragons über dem Stadteingang haben sie, und die weißhäutigen, bärtigen Menschen trügen Diademe aus Smaragden im langen Haar, meint hingegen Ignacio Pinuer zu wissen und verfaßt 1774 einen entsprechenden Bericht an den spanischen König.

Doch Pinuer hatte die Rechnung ohne den britischen Jesuiten Thomas Falkner gemacht, der in seiner «Beschreibung Patagoniens» aus demselben Jahr überhaupt keine Anzeichen einer spanischen Kolonisierung ausgemacht haben will, statt dessen aber Indianer, die so groß seien, «daß sie nicht reiten können, sondern zu Fuß gehen müssen». Diesen Fabeln saß dann tatsächlich der ansonsten eher besonnene Reisende George Chaworth Musters im Jahr 1871 auf, der behauptete, in Patagonien gewaltige Donnerschläge vernommen zu haben und dann entführt und mit verbundenen Augen in eine reiche Stadt gebracht worden zu sein.

Tatsächlich hat es Siedler gegeben, die im Auftrag des spanischen Königs Philipp II. im späten 16. Jahrhundert in die unwegsamen Gebiete Patagoniens verschleppt worden waren: zum Cabo de Virgenes in der heutigen Provinz Santa Cruz und nach Chile bei Punta Arenas. Denn nachdem der britische Korsar Sir Francis Drake 1578 die spanischen Besitzungen an der südamerikanischen Westküste geplündert hatte, war man im «Mutterland» auf die Idee gekommen, die Ansprüche auf den Kontinent einfach von ein paar armen Siedlern verteidigen zu lassen. Die allerdings hatten keine Ahnung, wie sie dem der Heimaterde so unähnlichen Boden eine Lebensgrundlage abringen könnten. Daß dort unterhalb des Río Colorado, jenseits der Grenze zu der sich etablierten europäischen Kolonie um Buenos Aires und Córdoba, ein goldener Schatz seiner Hebung harrte, diese Vorstellung konnte man später nur noch mit einem müden Lächeln quittieren. Zunächst nahm man nur die dort ansässigen Stämme wahr, die sich in Tierfell kleideten und in Zelten wohnten. Ihre Lebensweise entbehrte jeglicher Pracht. Das einzige, was es im Überfluß gab, waren Wind, Wolken, aufgetürmte Steine – eine Erfahrung von Unendlichkeit. Und sonst nichts.

Ein einziges, großes Tierparadies ist die Halbinsel Valdés, Refugium mancher von Ausrottung bedrohter Arten. Die Küste von Puerto Pirámides mit ihren flachen Uferbänken unterhalb einer schützenden Steilküste bildet einen idealen Lebensraum für Seelöwen und See-Elefanten.

ROTER SCHLAMM STATT SILBERLAND

Die erhitzten Entdeckerträume von der zerstörerischen Suche nach Gold hatten sich also abgekühlt. Argentinien hatte sich mitnichten als das «silberne Land» herausgestellt, und im Río de la Plata schwamm nun schon gar kein Edelmetall umher, sondern nur roter Schlamm. Einzig die fruchtbare Pampa (*pampa húmeda*) um Buenos Aires weckte Neugier, denn dort gedieh das aus der spanischen Heimat importierte Vieh in reichem Maße. Dieses Land mußte gegen die Landesherren, die *querandí*, verteidigt werden.

Das wilde Patagonien unterhalb des Río Colorado wurde zum Land der Außenseiter; es diente neben den Tehuelche bald den Gauchos als Heimat. Sie waren Mestizen, Söhne von spanischen Kolonisten mit indianischen Frauen, die sich den sozialen Grenzen der streng hierarchisch organisierten Macht in den städtischen Zentren entzogen in der Gewißheit, daß es dort für sie nicht viel zu erringen gab. Wer dort etwas galt, war von blütenweißer Hautfarbe und von ritterlicher Herkunft, auch wenn letztere gekauft gewesen sein mag. Die Gauchos übernahmen die nomadisierende Lebensweise der Indianer und deren Jagdgewohnheiten und pflegten Unabhängigkeit von Besitz und persönlichen Bindungen. Ein Mythos wird geboren: Mit dem Gaucho entsteht auch der Begriff vom Süden als einem besonderen Land, in dessen unermeßlichen Weiten die Freiheit erblüht. Dieser Mythos hat sich bis auf den heutigen Tag gehalten, selbst wenn seine ursprünglichen Bewohner nicht überlebt haben, um davon zu erzählen (siehe auch Seite 144). Auch die Grenze, *la frontera*, hat in diesem Mythos ihren Platz. Der Río Colorado wird zu einer magischen Linie, hinter der die Wildheit beginnt. Und erneut wachsen in Europa die Phantasien. So träumte sich der französische Rechtsanwalt Orélie-Antoine de Tounens aus Périgueux im Jahr 1859 ein Königreich zusammen, welches ihn zum Herrn über die tapferen Araukaner machen sollte. Angefeuert von einem Epos des Spaniers Alonso de Ercilla über dieses Volk und inspiriert von der europäischen Idee des «edlen Wilden», landete er in Coquimbo im nördlichen Chile und begann, Verhandlungen mit seinen zukünftigen Untertanen aufzunehmen. Er benannte Minister und arbeitete eine Verfassung aus, doch fand er damit weder in Chile noch in Frankreich Gefallen. Nach einer erzwungenen Rückkehr versuchte der «König von Patagonien» noch zweimal erfolglos, die argentinische Grenze zu überwinden, und endete schließlich als Gaslaternenanzünder in Toutoirac.

Die Halbinsel Valdés mit ihrer wüstenhaft kargen, einsamen Steilküste. Im Vordergrund Puerto Pirámides, ein kleiner Hafenort am Ende der schmalen Landzunge, die die Halbinsel mit dem Festland verbindet.

«HIGH TEA» IN PATAGONIEN

Patagonien hat es seinen Bewohnern nie leicht gemacht. Es ist unwirtlich und windig, seinen mageren Böden entlockt nur die geduldigste und erfinderischste Hand ein bißchen Blühen. Durch seine Lage auf der Südhalbkugel und seine Abschirmung durch die Anden, die in nord-südlicher Richtung eine durchgezogene Schranke bilden, hat es ein wüstenähnliches Klima. Nur wenigen Flußsystemen gelingt es, die harten Schichtstufen und weitgespannten Hochebenen (*mesetas*) zu durchfurchen.

Geeignete Anbau- und Weideflächen verteilen sich im Norden entlang den Flüssen, am Río Limay und Colorado, am Río Negro und, in geringerem Ausmaß, am Río Chubut, sowie am seen- und waldreichen Saum der Anden. Der große Süden ist kaum bewohnt und kaum bewohnbar, baumlos, verstraucht, versteppt. Er ist so windig, daß walisische Damen – die ersten europäischen Siedlerinnen der Gegend um Puerto Madryn 1853 – erst einmal ihre Krinolinengarderobe aussortierten, als sie angekommen waren, damit sie in ihren kugelig gebauschten Röcken nicht glatt hinweggefegt wurden. Das jedenfalls erzählt Lilli Patterson vom Museum in Trelew und kramt die entsprechenden Fotos hervor zur besseren Illustration.

Die walisischen Siedler – *los galeses*, wie sie die Argentinier nennen – bildeten den Vortrupp der sogenannten Zivilisation (siehe auch Seite 161). Auf einem Gebiet von grobgeschätzt 765 000 Quadratkilometern mit der größten Längsausdehnung von 1774 und der größten Breitenausdehnung von 821 Kilometern lebten 10 000 bis 12 000 Tehuelche und 20 000 Araukaner, erstere durch das gesamte Ostpatagonien nomadisierend, letztere seßhaft, Apfelbäume kultivierend und sehr kriegerisch. Es gibt mit Carmen de Patagones am Río Negro seit 1779 eine spanische Siedlung, die als Strafkolonie genutzt wird und den britischen Kolonialgelüsten im Cono Sur ein Signal setzen soll, daß sie hier nichts zu suchen haben. Außerdem ist sie Kontaktstelle zu den nordpatagonischen Indianerstämmen, die «Befriedungstribute» in Form von Rinderherden, Pferden und Alkohol erhalten. Des weiteren betreibt auf der Flußinsel Pavón im Río Gallegos im äußersten Südosten ein Argentinier namens Luis Piedra Buena etwas Viehzucht und Handel mit Indianern. Das chilenische Punta Arenas im Südwesten ist ebenfalls Gefangenenlager mit ein paar hundert Einwohnern.

Das ist alles. Mehr Menschen wohnen hier nicht. Und eine klar definierte Grenze zwischen Argentinien und Chile existiert auch nicht. Mitte des letzten Jahrhunderts

Das Männchen treibt das Weibchen schreiend in die Fluten, das Weibchen paddelt hilfesuchend umher, das Männchen isoliert es immer weiter vom Strand: Die Entführung ist gelungen.
Immer wieder zur Paarungszeit ereignen sich solche dramatischen Szenen in den Kolonien der gigantischen See-Elefanten auf der Halbinsel Valdés, wenn die Junggesellen den Harem der Könige zu plündern versuchen, um endlich auch einmal in den Genuß zu kommen.
In der so menschenleeren patagonischen Provinz Chubut befinden sich zwei Tierreservate, die international einen hohen Ruf genießen: Die Halbinsel Valdés in der Nähe von Puerto Madryn und Punta Tombo südlich von Trelew. Der Weg dorthin erscheint für Privatreisende äußerst beschwerlich, denn es gibt keine öffentliche Beförderung, und die schlecht ausgebauten Straßen kosten Nerven: Schotter, Sand, Kies.
Mit steigenden Touristenzahlen ist jedoch auch das Interesse an den Naturreservaten gewachsen, und heute besteht von Puerto Madryn und von Trelew aus die Möglichkeit, bei Reisebüros Tagestouren zu buchen. Das ist auch sinnvoll, ungeregelte Besucherströme könnten das Leben in den Reservaten nur schädigen.
Die axtförmige Península Valdés bietet ein umfangreiches Programm. Bevor das seltsame Gebilde aus sand- und ockerfarbenen Gesteinsschichten erreicht ist, passiert man auf der Landenge die Isla de

KINDER-GEBURTSTAG AUF PUNTA TOMBO

Die Tierkolonien an der Atlantikküste

Impressionen aus der vielfältigen Tierwelt der Halbinsel Valdés: Seelöwe (oben), ein Nandú, der südamerikanische Strauß, der auch Pampa-Strauß genannt wird, (Mitte) und Guanakos, eine Lama-Art (unten).

los Pájaros (Vogelinsel), Lebensraum für 30 000 Flamingos, Kormorane, Delphinmöwen und Seeschwalben, die sich hier zum Brüten und Paaren einfinden.
Sie ist von einem strauchartigen Gewächs, *jume*, überzogen, welches, so nah am Meer, ideale Brutbedingungen stellt. Bei Ebbe bietet der Boden reichlich Nahrung, vor allem kleine Muscheln und Algen.
Die Vogelinsel darf seit einigen Jahren nicht mehr betreten werden, da sich die Besucher den brütenden Vögeln zu unvorsichtig genähert hatten. Beobachtet wird jetzt nur noch aus der sicheren Distanz: Gegenüber den Brutplätzen sind auf einer Plattform mehrere Fernrohre aufgebaut.
Die Península Valdés selbst verfügt über die 1974 gegründete Reserva Faunística Puerto Pirámides in der Nähe des gleichnamigen Ortes auf der Insel, einem Paarungsplatz von rund 1500 Seelöwen, den man von einer Art natürlichem Felsbalkon aus beobachten kann.
73 Kilometer nördlich von Puerto Pirámides liegt die Reserva Faunística Punta Norte. Ihre Bedeutung als einer der wenigen kontinentalen Brutplätze von See-Elefanten rückt immer mehr ins Blickfeld von Naturschützern, die das steigende Zuschauerinteresse recht argwöhnisch verfolgen, schließlich kommen hier jährlich etwa 13 000 Tiere zusammen, um ihre Jungen auf die Welt zu bringen.
Die attraktive, langgezogene Caleta Valdés im Nordosten der Halbinsel trennt den Atlantik von einer malerischen Lagune, beide sind mit interessantem Tierleben erfüllt: Seelöwen und See-Elefanten sowie Pinguine am Wasser, Guanakos und Nandús im Inneren.
Die Reserva Faunística Punta Delgada im Südosten der Halbinsel Valdés wiederum ist für ihre großen Seelöwen- und See-Elefantenkolonien berühmt.
Punta Tombo ist auch wegen seines Reichtums an Möwen, chilenischen Enten, Kormoranen, Austernfischern interessant, doch die zahlenmäßig größte Bevölkerungsgruppe stellen die Pinguine dar. Sie stehen da wie höfliche Kinder bei einem Kindergeburtstag, hat Bruce Chatwin über die Pinguinkolonien befunden.
Punta Tombo mit seinen – zu Hochzeiten geschätzten – fünf Millionen Pinguinen liefert da reichlich Anschauungsmaterial. Die Bewachsung der klippenreichen Atlantikküste bietet ideale Nistplätze, die Kolonie zieht sich mehrere hundert Meter ins Land hinein. Auf markierten Wegen kann man zwischen den unbeeindruckten Tieren umherspazieren.

Susanne Asal

Magellanpinguine in den Pinguinkolonien Punta Tombo und Camarones. An Land bewegen sich diese bizarren Tiere, sonst ausgesprochen geschickte Schwimmvögel, recht schwerfällig. Dennoch verlassen sie jeden Herbst in Scharen ihr eigentliches Element, das Meer, da sie ihre Jungen an Land zur Welt bringen. Pinguine sind ausgesprochen gesellige Tiere, die gegenüber ihren Partnern und den Jungtieren eine ausgeprägte Fürsorglichkeit an den Tag legen.

Die wüstenhafte Landschaft der Bosques Petrificados José Ormachea, übersät mit den Überresten versteinerter Wälder.

ist Patagonien noch nicht wesentlich weiter entwickelt als zu Lebzeiten Magallanes: ein offenes Buch mit blanken Seiten, groß und leer. Doch als die argentinische Regierung Raubzüge der Pampa-Indianer und der Araukaner zum Anlaß nimmt, zum vernichtenden Schlag gegen die unbequeme Urbevölkerung auszuholen, bedeutet dies den Beginn eines neuen Kapitels in der Geschichte Patagoniens.

Blick vom Cerro Catedral (2388 m), dem nicht weit von Bariloche entfernten Mittelpunkt eines riesigen Skigebietes mit Abfahrten in allen Schwierigkeitsgraden.

Die sogenannte *Campaña del Desierto*, die in den Jahren von 1877 bis 1879 unter dem damaligen Innenminister Julio Argentino Roca stattfand, verstand sich als Strafexpedition und endgültige «Domestizierung» der Indianervölker. Mit dem Schlagwort *«Gobernar es poblar»* des Schriftstellers Juan Bautista Alberdi war eine Politik beschrieben, die Bartolomé Mitre, erster gewählter Präsident Argentiniens 1862, in die Wege leitet: «Regieren heißt bevölkern». Und bevölkert werden sollte Argentiniens Süden.

Für die indianischen Stämme gab es in diesem Konzept keinen Platz mehr, die Überlebenden des Wüstenfeldzuges wurden in Reservate zusammengepreßt, um das Land freizuräumen. Und wer kam? Die Waliser, die übrigens eine friedliche Nachbarschaft zu ihren indianischen Nachbarn pflegten, hatten bislang konkurrenzlos kolonisiert. Gaiman, 19 Kilometer von Trelew entfernt, einer ebenfalls walisischen Gründung, liegt inmitten einer gartenähnlichen Natur. Obstbäume, Getreide- und Kartoffelfelder umgeben das von Pappeln geschmückte kleine Örtchen, das hier und da noch genügend Spuren harter Arbeit sehen läßt, um nicht gänzlich auszusehen wie eine idyllische Filmkulisse.

Nördlich von Bariloche passiert man das Valle Encantado – das verzauberte Tal – mit seinen zierlichen Felsnadeln und Türmen, besonders eindrucksvoll und fremdartig im aufsteigenden Nebel.

Im Grunde besteht Gaiman aus zwei Straßen: die eine führt hinauf und die andere wieder hinunter, und in der Mitte befindet sich ein Platz. Früchtehecken rahmen stachlig die niedrigen, kleinen Anwesen ein, es gibt geharkte Wege zwischen liebevoll angelegten Blumenrabatten, und der ganze Ort ist still und wartet. Gaiman hat sich in den Ausflugsprogrammen der argentinischen Reiseveranstalter einen Stammplatz erobert: Erst fährt man die Kundschaft zu den Walen, See-Elefanten und Seelöwen auf die Halbinsel Valdés, und dann zu den *galeses*, um den Tee zu trinken. Dementsprechend gefegt hat es auszusehen.

In niedlich ausstaffierten, kleinen Häusern wird der *té galés* serviert, der walisische *high tea*, und weil das alles so gar nicht zu Argentinien passen will und zu der rauhen patagonischen Umgebung, empfindet man eine solche Zeremonie als sehenswert. Hier versichern sich die Argentinier, daß ihre Vorfahren wirklich aus Europa stammen und nicht etwa in den steinigen Wüsten der Umgebung Pfeilspitzen bastelten. Man sitzt wie im Wohnzimmer einer mittelbetuchten Kleinbauernfamilie, ißt belegte Brote und selbstgemachte Marmelade, und

Blick über die flachen, weiten Schneeabhänge des Cerro Catedral auf den Lago Nahuel Huapí vor der dunklen Silhouette der fernen Andenausläufer.

Die vom Sturm aufgewühlten Gewässer des Lago Huelchulaufquén unterhalb des schneebedeckten Vulkans Lanín, der mit seiner Höhe von 3776 Metern alle umliegenden Gipfel überragt.

Das Hotel Llao Llao am Lago Nahuel Huapí inmitten des gleichnamigen Nationalparks, ein Gebiet, das wegen seiner bewaldeten Berglandschaften auch als die argentinische Schweiz bezeichnet wird.

Am Nordufer des Lago Mascardi, südlich von Bariloche. Düster und majestätisch wirkt die wuchtige Berglandschaft mit dem bleigrauen See unter den tiefhängenden Wolken des Abendhimmels, der vom letzten, rötlichen Sonnenlicht gerade noch etwas aufgehellt wird.

die früh gealterte Hausfrau dreht mit ihrer Kittelschürze und der dampfenden Teekanne die Runde zwischen den rustikal gedeckten Tischen.

In einem kleinen Museum wird die Erinnerung gepflegt; auf Spitzendeckchen ausgebreitet finden sich die bescheidenen Toilettenartikel der Damen der ersten Stunde, daneben sind Fotografien zu sehen, Möbel, Bilder, gestickte walisische Landschaften, Ackergerät. Draußen, wieder auf der Straße, macht die Zierlichkeit der Anwesen irgendwie Sinn. Zwischen den schuttbedeckten Weiten unter dem endlosen Himmel und den flachgezogenen Wolken schart man sich gern umeinander, braucht man offenbar einen Kontrast.

Reich an größeren und kleineren Naturschauspielen ist der Nationalpark Nahuel Huapí. Hier ein Wasserfall am Nordufer des Nahuel-Huapí-Sees.

Nachdem die walisischen Siedler das staubige, windige Puerto Madryn verlassen hatten, um sich in Trelew und Rawson städtische Zentren zu bauen und in Dolavon und Gaiman einzurichten, forschten sie nach einer Erweiterung ihres Lebensraums, der durch den ständigen Zustrom neuer Einwanderer erforderlich geworden war, denn bis in unser Jahrhundert hinein träumten immer mehr den Traum vom «hacerse América», davon, das Glück in Amerika zu machen. Die herumstreifenden Indianer sagten, daß sich am Andenfluß fruchtbares Land befände.

So machte sich im Oktober 1885 eine Expedition unter der Leitung des Gouverneurs des damaligen Territoriums Chubuts, Luis José Fontana, mit 260 Pferden und 29 Männern, darunter auch zwei Deutschen, auf den oftmals beschwerlichen Weg durch die Steppe. Nach etwa 650 Kilometern steiniger Landschaft war schließlich das Ziel gefunden; der erspähte Platz in einer hübschen Seen- und Waldlandschaft am Fuße der Anden konnte günstiger nicht sein.

1886 wurde die Kolonie «Valle de 16 Octubre» gegründet, 50 Kolonisten erhielten je 2500 Hektar Land zugesprochen. Aus der Kolonie kristallisierte sich Trevelín als dörfliches Zentrum heraus.

Dieser Expedition haften fast magische Geschichten an, ähnlich wie dem Auszug ins gelobte Land – beispielsweise die von der wundersamen Rettung eines Mannes, der in der Dunkelheit einen Steilabhang nicht wahrnahm und nur durch die göttliche Intuition seines Pferdes gerettet wurde, von Überfällen wilder Tiere, der *tigres*, wie man hier die Pumas nennt, denen ein kleiner Junge trotzte. Nain Maggie, eine alte Dame, die erst kürzlich gestorben ist, hat das alles noch erlebt, sagt man in Trevelín.

Trevelín, das von dem Koloniebereich umfaßt wird, ist weniger idyllisch aufbereitet als Gaiman. Sicher kann man auch in diesem Ort den *té galés* haben, aber die Anfrage stößt auf ein Schmunzeln, es läuft auch niemand in der Kittelschürze umher, und auch gestickte Gardinen findet man hier nur vereinzelt.

HIMMEL, WIND UND WOLKEN

Der Himmel war vielleicht das erste, was den europäischen Einwanderern ins Auge fiel, die zu Tausenden zum Ende des letzten Jahrhunderts den Sprung über den großen Teich gewagt hatten. Das hügelige Land bietet dem Wind keinerlei Widerstand. Er fegt mit bis zu 180 Kilometern pro Stunde über die Erde hinweg und knickt alles um, das höher wächst als 1,50 Meter. Die Wolken haben gar keine Zeit, sich zu Gebilden zusammenzubauen, flach, durchsichtig und mit zerfransten Konturen rasen sie wie gehetzt unter dem Blau umher.

Wie flatternde Fahnen zappeln die – seltenen – Baumkronen in der Luft, denn Bäume haben in diesem Land keine großen Chancen.

Die *estancieros*, die Viehzüchter, umgeben ihre Anwesen häufig mit einem Zaun aus Pappeln, der oft einzigen vertikalen Struktur in einem Landschaftsbild von endloser Weite. Ansonsten überziehen polstrig aufgeplusterte Strauchgewächse den graubraunen, geröllreichen Boden, die *barba de chivo*, die *malaspina* und die *uña del gato*, der *calafate* und *neñeo*, die *matamora* und die *flechilla*, deren Namen auch in der deutschen Übersetzung ziemlich struppig klingen: Ziegenbart, kleiner Pfeil, böser Dorn, Katzenkralle.

Der Wind hat dieses Landschaftskleid zu verantworten. Ganz selten wird man einen solchen Anblick woanders finden, er ist charakteristisch für Patagonien. So endlos und unermeßlich wie ein Meer, die Erdaufwerfungen geriffelt wie Wellen, in denen die wenigen *estancias* der Waliser wie Schiffe schwimmen – so erschien und erscheint den europäischen Augen *el sur.* Ein großes, ein vielleicht zu großes Versprechen.

Wen es in Patagonien hält, der braucht Ausdauer. Und so kann man auch nicht unbedingt behaupten, daß die staatlichen Besiedlungsprogramme ein großer Erfolg gewesen wären. Im Einwanderungsgesetz von

1876, dem nach dem damaligen Präsidenten getauften Avellaneda-Gesetz, wurden drei Besiedlungsformen definiert: die Staatskolonisation, die private Kolonisation, die über Gesellschaften abgewickelt wurde, und die Staatspacht – vom Staat erworbenes Pachtland. Für Ackerbaukolonien wurde eine Größe von 100 Hektar fixiert, für Weidekolonien 625 Hektar. Das erwies sich für beide Fälle als zu klein dimensioniert, und für die Staatspacht gab es überhaupt keine Vorschriften.

Manche Siedler brachen beim Anblick ihrer neuen Heimat in Tränen aus, weil sie so rauh und steinig und unfruchtbar aussah, andere verteilten sie gleich neu, einige von ihnen traten ihren Besitz erst gar nicht an. Von einem irgendwie geordneten Zusammenwachsen konnte hier wirklich nicht die Rede sein.

Die geschäftstüchtigen Syro-Libanesen folgten den Pionieren auf dem Fuße und errichteten die legendären *boliches*, diese Mixtur aus Kneipe, Tankstelle, Krämerladen und Reparaturwerkstatt, die immer noch in die unwirtlichen Weiten eingesenkt sind wie freundliche Sterne. Die Salesianer folgten mit dem Missionieren, was jedoch von weniger Erfolg gekrönt war. Die christliche Erlösersymbolik harmonierte nicht im mindesten mit den Naturgottheiten der Indianervölker, zwei religiöse Systeme standen sich verständnislos gegenüber.

Landschaft nördlich von Bariloche. Die struppigen, graugrün schimmernden Büschel des widerstandsfähigen Pampa- oder Silbergrases, das auch den heftigsten Stürmen widersteht, prägen weite Teile des patagonischen Berglandes.

Was wohl den chilenischen *estanciero* dazu bewogen haben mag, hierzubleiben? Wir haben ihn mit einer Autopanne aufgesucht. Es ist schon dunkel, und die steinbedeckten Pisten haben zwei Reifen plus Ersatzrad zerfetzt – typisches Schicksal von Touristen auf Entdeckungsreise. «Wenn du in Patagonien unterwegs bist, nimm Proviant für drei Tage, eine Taschenlampe, einen Schlafsack und etwas zu lesen mit», hat uns unser Freund bei der Abreise geraten. So ganz ernst genommen haben wir das nicht, wie wir nun reuevoll feststellen. Und an die Dimensionen müssen wir uns erst noch gewöhnen: 300 Kilometer keine Menschenseele, geschweige denn Treibstoffnachschub oder frische Reifen, das sind einzukalkulierende Größen. Nun haben wir also seit vier Uhr nachmittags die kaputten Räder, und die Fahrer des einzigen Pick-up, dem wir zwischen Gobernador Gregores und El Calafate in der besonders leeren, besonders steinigen südlichsten Provinz Patagoniens, Santa Cruz, begegnet sind, rieten uns, *el chileno* aufzusuchen, denn was anderes bliebe uns sowieso nicht übrig. *El chileno* öffnet, ohne viel zu fragen, seine Türe und weist uns in der Wohnküche Sitzplätze zu. Mehr kann er nicht tun, sein Sohn sei in die Stadt gefahren und werde nicht so bald zurückerwartet, er habe kein Werkzeug, geschweige denn intakte Reifen. Er bietet uns Mate und Weißbrot an, wie er es gelernt hat, daß man nämlich einem Fremden immer helfen muß mit dem, was man hat, hier in dieser Gegend, und mehr kann er uns nicht anbieten. Die Küche ist mit einem Vorkriegsmodell von Schrankungeheuer möbliert, alles ist peinlich sauber und ärmlich. Das große Glück hat er hier in Argentiniens Süden wohl kaum gefunden.

EINWANDERER UND IHRE HOFFNUNGEN

Man stellt sich ja immer schnell vor, daß Patagonien zur Beute von habgierigen Großgrundbesitzern geworden ist, die riesige Stücke Land von ihren Schaf- und Ziegenherden abweiden ließen und mit der Wolle und dem Fleisch reich wurden: Schafbarone mit dem dazugehöri-

Karge Flußlandschaft am gewundenen Lauf des Río Alumine im Lanín-Nationalpark, geprägt vom Farbkontrast des metallischblauschimmernden Wassers zu den rötlichbraunen Felsufern mit ihrer hellen Pampagrasvegetation.

Spiel der Farben und Vegetation in den weiten Landschaften im Norden Patagoniens: Die charakteristischen, sandfarbenen Pampagräser bei San Martín de los Andes . . .

gen Prestige. Aber das ist nur die halbe Wahrheit. Das Land wird zwar tatsächlich fast ausschließlich durch Schafzuchtbetriebe genutzt, doch es gibt viele kleine und mittlere Anwesen, deren Weidefläche zwischen 1000 und 200 000 Hektar variiert. Gewirtschaftet wird extensiv. Das schüttere Pflanzenkleid läßt keine anderen Möglichkeiten zu und leidet zugleich unter dieser Beanspruchung: Die Dornsträucher breiten sich aus.

Sobald man das Koordinatensystem der nur selten asphaltierten Straßen verlassen hat und die breiten *tranqueras* – die Zauntore, die die Viehkoppeln voneinander trennen – passiert, nimmt man die traurigen Konsequenzen schnell wahr. Gnadenlos überweidete Hänge in der absurden Optik einer Mondlandschaft, verlassen von Schafzüchtern, die Beruf oder Land oder beides bereits aufgegeben haben, dehnen sich über Hunderte von Kilometern.

Der *chileno* hat etwa 800 Schafe, das ist ein bescheidener Besitz, der zudem schnell an Wert verliert. Denn Schafe sind in Patagonien nicht nur Tiere, mit denen man Geld machen kann, sie selbst sind auch eine Form von Währung: Tausche Schafe gegen Brennholz, tausche Schafe gegen Torf.

Doch natürlich kam es, gerade im Süden, in der Provinz Santa Cruz, wo die Landbesitze keine genauen Konturen hatten, zur Konzentration des Bodens in die Hände einiger weniger. Wahre Reiche entstanden, und der große Bedarf an Arbeitskräften wurde von Saison zu Saison mit *peones* gedeckt, Landarbeitern ohne große Rechte. Auch sie rekrutierten sich aus dem bis zum Beginn des Jahrhunderts nie versiegenden Strom der Emigranten, aus Russen, Deutschen, Polen, Italienern, Spaniern, Portugiesen. Diese hatten die Docks von Riachuelo und die Schlachtfabriken in Buenos Aires verlassen in der Hoffnung, im Süden bessere Arbeitsbedingungen und höheren Verdienst zu finden. Und sie importierten gleichzeitig auch ihre Gewerkschaftserfahrungen. Gegen die britischen *latifundistas* im Süden etablierte sich eine anarchistisch-syndikalistisch orientierte Bewegung, die sich auch mit den sozialistischen Theoretikern gut auskannte.

Der Anlaß zur Rebellion sollte bald kommen: Der Niedergang der Wollpreise auf dem Weltmarkt hatte 1919 beträchtliche Lohnkürzungen zur Folge, die die Gewerkschaften mit Streiks beantworteten. Die Regierung Irigoyen reagierte mit militärischer Gewalt. Das hatte sie schon kurz zuvor in Buenos Aires getan, als sie unter streikenden Arbeitern ein Blutbad anrichtete, welches als *semana trágica* («tragische Woche») in die Annalen des Landes einging. Auf der Estancia Anita der

... im Kontrast zu der etwa hundert Kilometer südlich, bei San Carlos de Bariloche, bereits vielfältigeren Pflanzenwelt.

auch in Chile bekannten Größtgrundbesitzersfamilie Braun-Menéndez wurden 120 Arbeiter erschossen, die sich an den Aktionen beteiligt hatten.

In Gobernador Gregores mitten im Estancia-Land hat sich niemand über Städtebau Gedanken gemacht. Wie überall in Patagonien zieht es höllisch durch die Straßen mit den flachen Häuserwürfeln; es gibt ein Motel und zwei Restaurants in der Fünfziger-Jahre-Optik, eine Tankstelle und ein paar Läden, darunter eine Kleiderboutique. Die Wände des größten Ladenmagazins sind mit Waffen dekoriert, in den Plastikregalen lagern künstliche Blumensträuße und Porzellannippes für die Heimverschönerung, und sämtliche Lebensmittel findet man in patagonischen Dimensionen vor: Zehn-Kilo-Packs mit getrockneten Linsen, Keksen, Cracker, Mehl, Zucker, Öl, Nudeln, Milchpulver – staubige Kost. Die Kleidchen in der Boutique sind richtige Windfänger und vermutlich Ladenhüter, denn die Frauen gewanden sich hauptsächlich in Jeans, Stiefel und Blousons.

Alle kleinen Siedlungen, in denen sich die *estancieros* versorgen, sehen so aus wie Gobernador Gregores. Man zappelt im viel zu grobgestrickten Netz von ein paar wenigen windgepeitschten, staubbedeckten Pisten, die kein Ende nehmen wollen und doch den Anspruch vertreten, auf ein Ziel zuzusteuern.

Diese hier führt zu einem Höhepunkt des südlichen Patagonien, denn in der Unwegsamkeit und dem abweisenden Antlitz des rauhen Südens sind auch seltene kostbare Juwele eingebettet, die vor dem monochromen Kontrast eine poetische Schönheit gewinnen. Das Granitmassiv des Cerro Fitz Roy in den Anden schlägt mit 3375 Metern höhenmäßig keine Rekorde, doch es bezaubert durch seine verwunschene Optik. Der Prospekt ist aus senkrecht in die Höhe schießenden Felsnadeln mit Zackenkronen aufgebaut und weist bis heute jeden Laien- und auch manchen Profikletterer in seine Schranken. Benannt wurde es nach dem britischen Kapitän Fitz Roy, auf dessen Schiff der Naturkundler Charles Darwin 1823 nach Patagonien reiste. Wie ein roter Faden zieht sich das europäische Erbe durch die Namensgebung, so als hätte davor niemals ein Auge diese Landschaft und ihre Besonderheiten geschaut und beschrieben: Nicht nur das Massiv trägt den Namen des Seemannes, auch ein Baum ist nach ihm getauft: Die *alerce* (Lärche) wird botanisch unter dem Namen *fitzroya cupressoides* geführt. Das nur am Rande, denn die *alerce* werden wir nicht hier, sondern weiter im Norden finden. – Der Weg ist das Ziel, denn wenn man sich einmal der Poesie der Einsamkeit geöffnet hat, dann fällt es leicht, sie auch zu mögen, und dann stört weder der

EIN LEBENDIGER MYTHOS – DIE GAUCHOS

Gibt es sie noch? Oder gibt es sie nicht mehr? Die legendären Gesellen der Pampa, die freiheitsdurstigen einsamen Männer, denen die Gesellschaft eines Pferdes lieber war als die eines Menschen, die reiten konnten wie die Teufel, ohne zu ermüden, die so merkwürdig angezogen waren mit ihren Röcken aus Leder, deren Heimat die freie Luft war oder am besten gleich das Himmelszelt? Die sich nur von Fleisch ernährten? Die immer noch ein bißchen wilder waren als die Cowboys, immer noch ein bißchen wagemutiger als die *vaqueros*, ihre nördlichen Brüder.

Besuch in einem Museum. In Montevideo, Uruguay, nicht in Argentinien. Hier hat man den Gauchos ein Denkmal gesetzt. Man fühlt sich in kirchliche Schatzkammern versetzt, so silbern prunkt es aus den Vitrinen. Kunstvoll beschlagene Messerscheiden, aus Silber hergestellte Sporen, luxuriöse Gefäße für den Mate-Tee, Pferdegeschirr aus Gold mit silbernen Einlegearbeiten, kurz, eine unverhoffte Pracht an ungewohnter Stelle. Diese Reichtümer soll der Herr der Ebenen aufgehäuft haben?

Die gemalten Genreszenen zeigen den Gaucho gerne zusammen mit Freunden und Freundinnen beim Tanz, und wieder zerbricht ein Klischee.

Natürlich werden wir ihm so nicht mehr begegnen. Die Gauchos haben sich als Mythos in das Bild Argentiniens eingemeißelt, sie sind eine schöne nationale Macho-Folie. Sie begannen als mestizische Außenseiter in der frühen spanischen Kolonialgesellschaft, die im 17. Jahrhundert die magische Grenze zur Zivilisation überschritten und sich mit den Indios vertrugen, und erhoben sich zu den legendären Reiterarmeen, die der aus Salta stammende Martín Miguel Güemes für die Unabhängigkeitskriege zusammenstellte. Unter dem Diktator Manuel de Rosas (1835–1852) wurde der Gaucho dann zum nationalen Leitbild stilisiert, doch gleichzeitig bereitete das junge Argentinien ihm auch seinen Abstieg: Die Landaufteilung, das Errichten der *estancias* stahl ihm seinen Lebensraum. Schließlich war er der Herr gewesen über frei herumstreifende Pferde und Rinder, jetzt war er nur noch ein entrechteter Viehdieb. Präsident Faustino Sarmiento (1868–1874) verbannte ihn zurück in die Unzivilisation, in die Barbarei, tat ihn als ungebildeten Raufbold ab. Sozusagen als Gegenwehr entstand 1870 der «Martín Fierro» – ein Manifest zur Bewahrung des Eigensinns, ein rückwärtsgewandter Traum, dessen rebellische Konnotation aber durchaus verstanden wurde: So nannte der argentinische Regisseur Fernando Solanas («Sur») seine Argentinien-Parabel auf die Militärdiktatur «Die Kinder des Martín Fierro».

Abschied von der Braut. Auch im Leben der heutigen Gauchos ist wenig Platz für eine Familie.

Die Gauchos, deren Name auf araukanisch «Waise» bedeutet, mag man in den Landarbeitern erkennen, die durch Patagonien streifen, mit ihren indianischen *boleadoras*, den Wurfkugeln, einem zweiten Pferd und einem Hund, und die sich anstellen lassen von den Besitzern, denen heute das Land und die *estancias* gehören. Besitz verachten sie, den silbernen Lohn pflegten sie sich an den Gürtel schlagen zu lassen – diese Überraschung hat uns das Museum in Montevideo bereitet –, sie verachten Bindungen und haben selten geregelte Familienbeziehungen. In ihren Festen, den *rodeos*, bewahrt sich eine Spur des Überlebenskampfes, den ehemals der Waise in der Wildnis ausfocht. Aus einem Gaucho wird kein *estanciero* und kein Biedermann. Niemals.

Susanne Asal

Umherziehende Gauchos, die zu einer Rast ihr Lager aufgeschlagen haben.

Allein und selbständig mit Hund und Pferdegespann unterwegs – ein Junge aus Colonia Sarmiento.

High Noon in Patagonien. Wartet man nicht förmlich darauf, daß einige Gauchos aus dieser kleinen Bar in Camarones herauskommen, um auf ihre Pferde zu steigen und in der Wildnis zu verschwinden?

An der Fernstraße Ruta Tres, die ganz Argentinien durchquert und an der Ostküste Patagoniens entlang bis nach Río Gallegos führt, der südlichsten Stadt dieses menschenarmen Landes, dessen Bevölkerungsdichte gerade einen Einwohner pro Quadratkilometer beträgt.

steinige Weg noch die absolute Menschenleere, für die die Statistik die unbestechliche Zahl von 0,7 Menschenleben (für die Provinz Santa Cruz) pro Quadratkilometer notiert. Den ganzen Tag über treffen wir zwei Guanakos, und sonst niemanden. Wir sehen aber auch den Lago Viedma wie einen hellen Smaragd in einem unbeschreiblichen Grünton unter dem Wind erschäumen und wissen, daß wir eine solche Farbe wohl nie wieder sehen werden.

Hier, im südlichen Santa Cruz, verläuft eine einzige asphaltierte Straße von der Küste von Río Gallegos quer über die Steppe bis an den Andenrand nach El Calafate. Die wirtschaftlich wichtige Kohlestadt Río Turbio weiter südlich ist auf dem Landweg am leichtesten über Chile zu erreichen, von Argentinien aus ist es besser zu fliegen. Und El Calafate bekam die Asphaltverbindung vermutlich auch nur verpaßt, weil sich hier mit dem Gletscher Perito Moreno und dem Parque Nacional Los Glaciares ein Naturspektakel befindet, das Besuchern erschlossen werden sollte. Ein Ritt dauerte früher schließlich 30 Tage, der Bus braucht heute etwa sechs Stunden. La Esperanza, der einzige auf der Strecke verzeichnete Ort, entpuppt sich als die Kombination von zwei Raststätten. Und wo wohnen die Kellner, fragt man sich da, oder reisen sie etwa tagtäglich an?

DER KALBENDE GLETSCHER

Der Perito Moreno ist der einzige wachsende Gletscher der Welt, der in einen See kalbt. Er gehört zu dem mit 22 000 Quadratkilometern größten glazialen Urweltfeld der Südhalbkugel (abzüglich der Antarktis, versteht sich, und viermal so groß wie die Alpen). Und er gehört zu den spektakulärsten Anblicken, die Argentinien zu bieten hat. Lange bevor man ihn sieht, hört man ihn schon. Die ganze tundragrüne Umgebung voller bizarrer, rotbesternter Sträucher, die dem Ort El Calafate seinen Namen gegeben haben, ist eingehüllt von sanftem Donner und spitzem Zischen, von zartem Knacken und Pfeifen. Die beschneiten Anden bilden einen gezackten Prospekt, ein gigantisches Bühnenbild für ein Naturerlebnis, das sich selbst großartig in Szene zu setzen scheint. Zwischen dunkel schimmernden Wänden von bewaldeten Gebirgsfalten schiebt sich ein gewaltiger Strom aus gestocktem Eis und Schnee ungefähr fünf Kilometer breit ins Blickfeld. Täglich wachsen 195 Quadratkilometer Eis um etwa einen Meter hinein in den Lago Argentino. Diese Masse ist stark geformt und gegliedert, mit Brüchen und Winkeln, kirchturmhaften Aufsätzen und Kuppeln, Zacken und Borken besetzt, von Nischen und Tunneln unterhöhlt.

Die in ihren schlichten, klaren Formen eindrucksvolle Kapelle St. Christo steht gegenüber der Vogelinsel Isla de los Pájaros auf der Landbrücke, die die Halbinsel Valdés mit dem Festland verbindet.

Aber Eis ist nicht gleich Eis: Die kristallinen Farbschattierungen vom zartesten Himmel- bis zum tiefen Tintenblau, die diesen immensen Block marmorieren, zeigen den Sauerstoffanteil an, der in die Masse während ihrer Bewegungen eingeschlossen wurde, die grauen bis schwarzen Schleier auf seiner Oberfläche den Grad der Umweltverschmutzung. Die Luft ist beständig von den fremden Lauten erfüllt, die durch das Bröckeln und Bersten des Eises entstehen: ein Gletscher bei der Arbeit.

Alle vier Jahre feiert man am Perito Moreno ein ganz besonderes Ereignis. In diesem Zeitraum ist der Gletscher so weit angeschwollen, daß er einen der Arme des Lago Argentino vom übrigen See vollständig abschneidet. Kontinuierlich erhöht sich der Wasserdruck in dem *brazo* (Arm) derart, daß es in vierjährlichem Rhythmus zu einem Befreiungsschlag kommt: Das Wasser bricht sich in einem grandiosen Tunnel Bahn. 1996 ist es wieder soweit.

Der Parque Nacional Los Glaciares verzeichnet aber noch weitere Höhepunkte, die tiefer drinnen in dieser ewig tropfenden, kalten Welt verborgen liegen, beispielsweise den Gletscher Upsala, auf dessen Ausdehnung von 595 Quadratkilometern ganz Buenos Aires unterzubringen wäre, und die Inselchen zwischen den Gletschern Spegazzini und Onelli, deren dunkelgrüner, moosiger Grund mit Veilchen, Pantoffelblumen, Orchideen und Löwenzahn geschmückt ist.

ERDÖL AM ENDE DER WELT

Die Anden verlieren während ihres Laufs über den Kontinent stetig an Höhe. Von den stolzen Sechstausend des Aconcagua bei Mendoza hat sich das Gebirge, dessen junges Alter die Ketten aus schneegekrönten, zum Teil noch arbeitenden Vulkanen bezeugen, auf fast nur noch ein Drittel an Höhenmetern hinabgesenkt.

Der Cerro Cervantes kommt gerade noch auf 2380 Meter. Auf chilenischer Seite haben sie sich schon in ein Labyrinth aus Tausenden von Inselchen zersplittert und sich ins Meer gestürzt. Wir sind am Festlands-Ende eines Kontinents angekommen; weiter südlich, hinter der so verzweifelt gesuchten Magellanstraße, befinden sich nur noch Feuerland und das Kap Hoorn. Und das war es dann. Ein Ende der Welt ist erreicht, und – es läßt sich nicht leugnen – so sieht es auch aus. Die stürmischen Winde halten die aufgewühlten Wasser in ständiger Bewegung. Es ist eiskalt und regnet Eisbrocken. Der dunkle Himmel läßt majestätische Silhouetten aus eisgekrönten Bergen aufblitzen.

Blumengeschmückte Gärten, die an die frühere Heimat erinnern, kennzeichnen oft die Häuser der Patagonier walisischer Abstammung, wie hier in Camarones.

In der Bar »El Gauchito« in Camarones empfängt den Gast eine schlichte, funktionale Ausstattung und Gestaltung, wie sie der Kargheit des Landes entspricht.

NEUE SIEDLER AUS DER ALTEN WELT: WALISER IN PATAGONIEN

Als am 2. Juli 1865 das Schiff «Mimosa» aus Liverpool kommend an den kiesbedeckten Buchten des Golfo Nuevo festmachte, da hatten 151 Waliser ihre neue Heimat entdeckt. Die meisten von ihnen stammten aus den überbevölkerten Kohlezentren und hatten in ihrem Geburtsland eine bedrohte Zukunft vor sich – hier, in Patagonien, war sie wenigstens nur unsicher. Die Geschichte hatte sich gegen die separatistischen Tendenzen gestellt: Die walisische Kultur wurde unterdrückt, die Unterweisung in walisischer Sprache verboten. Arbeit gab es kaum, die Bauern konnten ihre Produkte nicht mehr gewinnbringend verkaufen. So suchten sie nach einem Land, welches ihnen die Chance bot, unbelastet von Repression und wirtschaftlicher Ausweglosigkeit zu leben. Einige zog es in die Vereinigten Staaten, wo sie sich vor allem in Philadelphia niederließen, andere versuchten es mit einer noch größeren Ferne, mit dem Süden des südamerikanischen Kontinents. So bildeten die Waliser die Vorhut der Emigrationswellen aus Europa, die rund 40 Jahre später in immer wieder aufflammenden Bewegungen über Argentinien kamen.

Die um die Jahrhundertwende entstandenen Fotografien zeugen von dem gesellschaftlichen Leben der walisischen Siedler in Patagonien, die damals – noch viel stärker als heute – ihre Traditionen und ihre Kultur, die sie aus der alten Welt mitgebracht haben, pflegten.

Der Landesregierung waren die neuen Siedler nur recht. Unter dem Kriegsminister Julio Argentino Roca wurde die indianische Bevölkerung der Pampa und Patagoniens massiv bekämpft. Die unter dem Begriff *Campaña del Desierto* (1877–1879) in die argentinische Geschichtsschreibung eingegangene Kriegshandlung bedeutete deren faktische Vernichtung. Sie hat auch ideologisch viel bewegt: Die meisten Argentinier wollen nicht von «irgendwelchen Indios» abstammen, für die sie häufig nur Verachtung empfinden, sie sind stolz auf ihr europäisches Erbe.

Solche Berührungsängste haben die Waliser nie beschäftigt. Sie haben schnell festgestellt, daß sie ohne die Nachbarschaft beispielsweise der Tehuelche ziemlich hilflos in der kargen Erde herumgestochert hätten. Nicht wenige unter ihnen hatten im Bergbau gearbeitet und keine besondere Ahnung von Bodennutzung. In den Museen von Gaiman, Trelew und Trevelín sind Fotografien ausgestellt, die Landesherren und Neulinge in friedlicher Zusammenkunft zeigen, und man sagt, die Hausfrauen der beiden Kulturen hätten Kochrezepte ausgetauscht.

Zunächst mußten sie allerdings feststellen, daß das Gebiet um den Golfo Nuevo mit seinem schönen Naturhafen keine geeigneten Trinkwasservorkommen aufwies. Drei Wochen nach der Ankunft brach man in Richtung Süden auf und fand geeignetes Gelände am Río Chubut 60 Kilometer weiter südlich, im Cwm Hyfryd, wie sie es nannten, im schönen Tal.

Doch bald reichte das Tal der sich stark vergrößernden Kolonie nicht mehr aus. Bis 1914 reisten Landsleute nach, und eine Gruppe zog hinüber zum fruchtbaren Andenrand. Die 1888 dort gegründete *Colonia 16 de Octubre* prosperierte: 1890 wurden 800 Schafe angesiedelt, 1891 konnte man die erste Weizenernte einbringen, und um 1900 zählte man 1163 Einwohner. Das ist lange her, die Waliser haben sich nie besonders stark abgekapselt, und doch hat eine spezifische Herbheit in ihren heckenrosengeschmückten Siedlungen überlebt. Sie und ihre auf altmodischen Plakaten angekündigten, alljährlich stattfindenden Blumenspiele, Eisteffod, haben sich in Patagonien unbehelligt entfalten können, hier, wo so viel Fremdes nebeneinander Platz und Zeit hat.

Susanne Asal

Ein mächtiges, steinernes Baumfragment inmitten ausgewaschener, zerfurchter Bodenformationen in der leblosen Gebirgswüste der Versteinerten Wälder José Ormachea.

Aus den verschiedenartigsten, von Erosion und Verwitterung gezeichneten Gesteinsgebilden und Formen in den Versteinerten Wäldern José Ormachea lassen sich die geologische Vergangenheit und die Auswirkungen des Extremklimas Patagoniens anschaulich ablesen.

Río Gallegos, am Mündungsdelta des gleichnamigen Flusses gelegen und 30 Tagesritte von El Calafate entfernt, war einst eine britische Enklave und verdankt sein bescheidenes Aufblühen in den letzten Jahrzehnten den Erdölfunden in Patagonien, die die zweite Einnahmequelle des Landes bilden. In der Nähe gibt es mehrere Camps der Erdölgesellschaft YPF, und die bescheidenen Hotels der Stadt sind oft mit den dort Beschäftigten dauerbelegt. Nein, sie würden hier nicht hinunterziehen, sagen die aus Buenos Aires stammenden Ingenieure, mit denen wir sprechen, das hier unten sei doch kein Leben, das sei reine Arbeitszeit. Durch die Straßen pfeift wie üblich der Wind, das Auge kann sich an nichts festklammern, im uniformen Stadtbild notiert man nur geringfügige Differenzen zwischen «guten» und ärmlicheren Wohngegenden, und das Aufregendste ist ein abendlicher *paseo* auf der nüchternen Hauptstraße mit seinen zwei oder drei *parilladas*. Verglichen mit Buenos Aires ist das tatsächlich eine karge Schufterei.

Da hat Comodoro Rivadavia doch entschieden mehr zu bieten. In die hügelig aufgeworfenen Schichten Mittelpatagoniens 800 Kilometer weiter nördlich gebettet, bewacht von unzähligen Batterien der Förderpumpen auf den Hügelkuppen, übertönt von dem monotonen Gekreisch ihrer Arbeitsgeräusche, hat diese Stadt etwas seltsam Weltentrücktes. Die einzige Ausflugsmöglichkeit besteht zu dem zwei Kilometer entfernten Badeort Rada Tilly, dem südlichsten von Argentinien, einer von allen Reizen entblößten Bucht aus staubfarbenem Sand im bunten Schmuck aus schreiend gefärbten Sonnenschirmen – eine wirklich melancholische Angelegenheit. Die Förderzahlen sind rückläufig (trotzdem stammen immerhin 60 Prozent der nationalen Ölfördermenge aus der Umgebung von Comodoro Rivadavia), und so macht man die Stadt selbst zum Fördergebiet: Die natürlichen Hügel wurden gekappt und gestutzt, und derart ihrer Konturen beraubt, bedrohen sie das Stadtgebiet mit Erdabrutschen.

Dafür blüht die Prostitution. In dieser Umgebung braucht man menschliche Nähe, und offensichtlich läßt die sich hier nur kaufen. Comodoro Rivadavia ist vermutlich der traurigste Ort von ganz Patagonien; hier fallen Funktionalität und Identität schonungslos zusammen. Vielleicht sah er ja 1901 noch ganz nett aus, kurz nach seiner Gründung als Verschiffungshafen der Produkte aus der Colonia Sarmiento. Jetzt jedenfalls wird gebaut und dann auch wieder nicht, die jungen Ruinen mit ihren dunklen Löchern anstelle von Fenstern bezeugen, daß bedeutendere Höhenflüge geplant waren.

Patagonien ist Pionierland und wird es ewig bleiben. Die Fahrt zur Colonia Sarmiento zwischen den verschilften Ufern der Seen Musters und Colhué Huapí begleiten noch ein paar Serien der kreischenden Pumpen, und

dann wird es wieder still. Hier, wo die Provinzen Santa Cruz und Chubut zusammentreffen, beschert ein sumpfiges Areal dieser steinigen Meseta-Landschaft einen ganz ungewohnten Erwerbszweig: Die Stadt lebt fast ausschließlich vom Obst- und Gemüseanbau. Besonders lieblich sieht es dort trotzdem nicht aus. Irgendwie schafft es Patagonien, alle Plätze völlig weltverloren wirken zu lassen, auch wenn sie wie diese hier nur 156 Kilometer von der nächsten größeren Stadt entfernt und durch eine Besiedlungstradition von etwa 100 Jahren nahezu altehrwürdig zu nennen sind. Die Hotels sind, mit einer Ausnahme, zugige Bretterbuden mit abblätternden Tapeten und unzulänglichen Öfen, mit nüchternem Mobiliar und unfreundlichen Besitzern. Der abweisenden Substanz steht das Angebot in den (wenigen) Geschäften entgegen; hier dominiert einmal nicht das Trockenfutter, sondern die vergleichsweise reichhaltige Auswahl an Frischgemüse.

Kontraste patagonischer Landschaft: Die eisschollenbedeckte Onelli-Lagune inmitten einer parkartigen Landschaft mit üppig grünenden Laubbäumen und dichten Wiesen.

DIE LANDSCHAFT DER VERSTEINERTEN WÄLDER

Von einnehmender Freundlichkeit hingegen erweist sich unser Reiseführer in eine 65 Millionen Jahre zurückliegende Welt. 30 Kilometer südlich von Colonia Sarmiento breitet sich in den Bosques Petrificados José Ormachea eine Landschaft aus, die mit nichts im Cono Sur zu vergleichen ist. Auch mit «versteinerten Wäldern» ist der Zauber nur unzulänglich beschrieben, denn sie sind nicht das einzig Atemberaubende.

Zwischen den Zacken, Nischen, Tafeln und Steilabbrüchen einer eigenwillig geformten Gebirgsszenerie dehnen sich weite Täler, deren staubtrockener Boden mit Splittern versteinerten Holzes übersät ist, kristallscharfe Borken, Spitzen, Rechtecke mit den typischen Mustern und Maserungen schaffen einen wahren Trompe-l'œil-Effekt: Das, was man sieht, ist nicht das, was es zu sein scheint.

Ausgehöhlte Baumstümpfe liegen in der Gegend herum, als hätte sie gerade erst jemand dorthin geworfen; die steinernen Abbilder von Stämmen krallen sich in den Untergrund fest, gerade als würden sie noch leben. Drumherum sind die kahlen Kuppen und Wände in die Farbenpracht der Eisenerztöne gehüllt, gestreift in den Farben Gold, Grün, Orange, in Nuancen, wie sie herbstliche Erde und fallende Blätter haben. Seit Jahrmillionen arbeitet die Erosion ihre Formen in die Landschaft hinein, hat die sich verschiebende und sich faltende Erdkruste immer wieder Stümpfe und Äste an ihre Oberfläche gedrückt.

DIE ARGENTINISCHE SCHWEIZ

Ein Heiliger war er nicht, el Señor Carlos Wiederhold, der 1895 von Chile aus kommend seine Blockhütte in einer Gegend baute, die als San Carlos de Bariloche eine steile Karriere zu einem der wichtigsten argentinischen Urlaubsgebiete gemacht hat. Von Colonia Sarmiento erreicht man es in mehreren hundert Kilometern durchs Estancia-Land auf einer asphaltierten Straße über Esquel. Nach all der eigenen Geometrie, die die Viehzüchter in den graubraunen Untergrund eingeschrieben haben, bietet Bariloche am Andensaum geradezu eine überschwengliche Vielfalt an Idylle auf.

Carlos Wiederhold wollte die Möglichkeit eines transandinen Handels zwischen Chile und Argentinien erkunden. Sie war vielversprechend: Die landwirtschaftliche Produktion der umliegenden *estancias* benötigte einen Absatzmarkt, und der war mit dem recht nahen chilenischen Hafen Puerto Montt (der auch Verbindungen zu europäischen Häfen bot) gefunden, gleichzeitig konnte man technisches Gerät und Gegenstände des täglichen Bedarfs aus Chile importieren.

Im Jahr 1904 entstand eine deutsch-chilenische Aktiengesellschaft, die *Sociedad Ganadera y Comercial Chile-Argentina*. Die zukünftigen transandinen Handelswege wurden in den kalten Urwald geschlagen, die Seen als weitere Verbindungen genutzt. In Puerto Montt,

Captain Shelvocke, ein englischer Freibeuter des 18. Jahrhunderts, beschreibt Patagonien: «Der Himmel war uns ständig durch düstere, unheilvolle Wolken verdeckt ... man hätte es für unmöglich gehalten, daß irgendein lebendes Wesen in einem so strengen Klima überleben könnte.»

Oben: Am Lago Argentino bei Puerto Bandera.

Unten: Die patagonische Pampa zwischen El Calafate und Río Gallegos.

Eine Landschaft aus Kälte und majestätischer Ruhe: Das eisdurchsetzte Wasser der Onelli-Lagune . . .

Puerto Varas, Frutillar, Puerto Blest und am Lago Nahuel Huapí erbaute man Agenturen, Handelsbüros und, für die Reisenden, Hotels. Schnell erwuchs hier ein wichtiges Handelszentrum.

Die Gegend um Bariloche wurde nach 1904 planmäßig besiedelt. Bald lebten auf den 400 Quadratkilometern des Kolonistenlandes 110 Familien mit 3060 Schafen, 3540 Rindern, 520 Pferden und 20 Ziegen. In dem feuchteren Waldbereich war Großtierhaltung möglich, der trockenere Steppenbereich ließ nur Schafzucht zu. Schlachtvieh stellte zwar ein begehrtes Handelsgut im südlichen Chile dar, doch im Lauf der Zeit wurden die Zollbestimmungen verschärft, der wichtige Markt entfiel, und die Kolonien mußten sich trotz mangelhafter verkehrstechnischer Anbindung auf Absatzmöglichkeiten in Argentinien konzentrieren. Zum selben Zeitpunkt entstand auch die Überlegung, Bariloche zum Ferienzentrum zu machen.

Einen wichtigen Stellenwert nahm und nimmt dabei die Zugverbindung über Ingeniero Jacobacci ein, die 1934 fertiggestellt wurde. Ingeniero Jacobacci wird direkt von Buenos Aires angesteuert, und das sogar mehrmals wöchentlich. Das hat ihm einen in diesen Breiten unüblichen Bekanntheitsgrad beschert und ein Hotel, das «Argentino». Die Hauptstrecke zielt dann in Richtung San Carlos de Bariloche, während die südliche Strecke durchs Land der *estancias* hinunter nach Esquel verläuft; sie ist mit diesem Ort durch eine wahrhaft altertümliche Dampflok mit dem Baujahr 1927, made in Sachsen, genauer gesagt, in Dresden, verknüpft.

Trencito, kleiner Zug, nennen ihn die Patagonier recht freundlich. Für die Fahrtdauer der 370 Kilometer nach Ingeniero Jacobacci wagt keiner der Menschen in Esquel genaue Zeitangaben, Prognosen sind dafür allerdings reichlich zu haben. Zwischen 14 und 18 Stunden dauert das Geschaukel und Gequietsche, und manchmal erreicht der Trencito sein Ziel überhaupt nicht, dann nämlich, wenn ihn der patagonische Wind mal wieder aus den Gleisen fegt. Der Streckenverlauf richtet sich nach der Lage der *estancias*, deren Personal sich einen Flug nicht leisten kann in diesem wegelosen Land. Natürlich ist auch Militär unter der Trencito-Kundschaft so nahe an der Grenze zu Chile. Es macht sich in der zweiten Klasse breit und heizt sich mit Rotwein aus dem Speisewagen ein; in der ersten Klasse gibt es einen kleinen Holzofen, und der Schaffner erkundigt sich vor Fahrtantritt in aller Herrgottsfrühe, wer das Mittags- und Abendmenü einzunehmen wünscht.

Die Armut an tatsächlichen Nachrichten und Informationen ersetzt der Klatsch und die Vermutung: El Mai-

... und der Spegazzini-Gletscher an einem Seitenarm des Lago Argentino. Das Inlandeis Patagoniens ist die größte Eismasse der Südhalbkugel außerhalb der Antarktis.

tén, welches über eine eigene Bahnstation verfügt, wird von den Mitreisenden wahlweise einem reichen Scheich oder dem Schlagersänger Julio Iglesias zugedacht. Der *trencito* ist also reichlich authentisch.

Zusätzlich zur Eisenbahn sorgte eine weitere Errungenschaft für Anziehungskraft: 1934 wurde ein Nationalpark-Gesetz verabschiedet. Darin wurde formuliert, daß Gebiete von hoher landschaftlicher Schönheit und mit einem Reichtum an landestypischer Flora und Fauna zu schützen, gleichwohl dem Tourismus zu erschließen seien. Besonderen Wert legte man auf die Erhaltung des Regenwaldes der Südkordillere.

Es war früh beschlossene Sache, die Gegend um Bariloche touristisch zu nutzen, denn landschaftliche Schönheit mit einer starken Ausstrahlung und einem ungewöhnlichen Pflanzenkleid wie der Arrayane mit dem zimtfarbenen, spiralig gedrehten Stamm und der Araukarie, die von der Form her die Tanne imitiert, doch anstelle von Nadeln feste grüne Schuppen trägt, war hier ohne weiteres gegeben. *Suiza Argentina*, die argentinische Schweiz, bezeichnete man sie kurzerhand, auch war vom *edén de América* die Rede und vom «König der Seen der Welt», dem Nahuel Huapí.

Zu Chile hin entfaltet sich eine atemberaubend schöne Andenlandschaft mit imposanten Dreitausendern, die, wenn die verwunschenen Pflanzenschleier und die vulkanisch gefärbte Erde nicht wären, tatsächlich an die Alpen erinnern würde.

An Bariloches Image wurde gearbeitet. Nachdem Theodore Roosevelt 1913 den See besuchte, brachte man die politische Prominenz verstärkt in die Region, so den Prince of Wales auf die Luxus-Estancia Huemul, wo man ihm zu Ehren 400 Rinder und Wildschweine für Jagdzwecke das Gelände zerwühlen ließ – von der Erhaltung des Bodens konnte hier keine Rede sein.

Die sechziger Jahre katapultierten Bariloche an die Spitze der argentinischen Urlaubsgebiete. Dabei ist es bis heute geblieben. Besondere Anziehungskraft verleiht Bariloche sein exotisches Äußeres; schon in den dreißiger Jahren verhalf sein «Schweizer» Aussehen mit einem Ensemble von Steinhäusern im britischen Stil dem Ort zur Publizität.

In zunehmendem Maße entdeckt Argentinien aber auch die Schönheit seiner Wildheit, allerdings mit ambivalent zu bewertendem Erfolg. Wem wäre es früher eingefallen, Orte zu besuchen, deren größte Attraktivität in Tierkolonien besteht? Die axtförmige, fast menschenleere Halbinsel Valdés mit ihren Schutzgebieten für Vögel, Seelöwen, See-Elefanten, Pinguine und Wale – den größten in ganz Amerika – in der Nähe von Puerto

Madryn hat beachtlichen Erfolg zu verzeichnen, den die Parkwächter mit gemischten Gefühlen betrachten. Auch hier ist die Umgebung – rauhes, zerklüftetes Land in Wüstenfarben – nicht gerade heimelig. Für die Tiere herrschen trotz geregeltem Besucherzustrom nicht immer paradiesische Zustände: Früher war die Halbinsel begehrter Stützpunkt von Robbenschlächtern, heute werden die See-Elefanten von Fischern gejagt, und die Touristen verhalten sich angesichts der träge in der Sonne faulenzenden Robben oft unwirsch, schließlich haben sie bezahlt und wollen etwas sehen. Die Seh-Gier hat schon einige «Fremdenführer» aus dem Hauptort

Gewaltiger, im Lago Argentino treibender Eisberg. Er stammt vom Upsala-Gletscher, dem größten Gletscher der Welt.

Puerto Pirámides auf die schlechte Idee gebracht, Touristen in die Nähe der Seelöwenkolonien zu bringen, um ihnen zu zeigen, wie die Killerwale die Neugeborenen angreifen.

DAS LAND DER TRÄUME

Aber eigentlich hat sich in Patagonien nicht viel geändert. Der Río Colorado schirmt damals wie heute den «zivilisierten» Teil des Landes vom südlichen Teil ab.

Wo sich in den ersten Jahrzehnten dieses Jahrhunderts ein überaus spannungsreiches Beziehungsgeflecht zwischen der mächtigen Hauptstadt Buenos Aires und Patagonien herausgebildet hatte und beide mit dem Nimbus versehen waren, einzigartige Erfahrungen bieten zu können, ist heute lediglich die Spannung geblieben. Die Kulturen der Einwanderer haben beide Orte mit ihrem Temperament belebt und sich für immer als Spur in Landschaft und Städtebilder eingraviert, und so wird es wohl auch bleiben. Unverrückbar, es addiert sich nichts Neues hinzu.

Auch wenn die Gesellschaft heute neuen Bildern folgt, sie sich umorientiert hat. Ein wilder Reiter mit 40 000 Schafen im Süden genießt nicht mehr das Ansehen, welches er sich früher auf dem gesellschaftlichen Parkett von Buenos Aires erobern konnte. Mit dem einsamen Leben auf einer *estancia* können sich nur wenige identifizieren, besonders die Frauen nicht, denen ein Leben ohne eine eigenständige berufliche Perspektive nicht besonders attraktiv erscheint. Auf einer *estancia* sind sie Landfrau, und so weit gefächert ihre Aufgaben dort auch gefaßt sein mögen, wieviel Eigeninitiative und Verantwortung ihnen dieser Status auch einbringt, abseits von diesem männlich dominierten Berufsbereich läßt sich nichts organisieren.

Das Umdenken beruht auch auf wirtschaftlichen Gründen. Die Gesellschaft hat sich polarisiert. Die Begehr, die das Stadtleben mit zunehmend wachsenden ökonomischen Schwierigkeiten – in die Argentinien als ein Land der Dritten Welt genauso geraten war wie alle Länder mit einer kolonialgeschichtlichen Struktur – entfacht hat, blendet Patagonien aus. Die Metropolen stehen in dem Ruf, Arbeitsplätze in einem umfangreicheren Spektrum bieten zu können, die Existenzgrundlage läßt sich unproblematischer absichern. Auf dem Land sind die Reichtümer endgültig verteilt, die *latifundistas* (Großgrundbesitzer) schotten sich hinter hohen sozialen Mauern ab und formulieren ihre eigenen Gesetze. Es läßt sich nicht mehr viel bewegen und nicht viel gewinnen in Patagonien, auch wenn seine Größe immer noch viele Spielmöglichkeiten erlaubt. Doch in Zeiten unabgesicherter Ökonomie spekuliert man eben nicht gerne.

Die Konsequenz davon ist, daß das Land im Süden auch sozial anders bewertet wird, es mehr Platz gibt für Ambivalenzen. Man ist nicht mehr stolz auf Gauchos, und von Schafzucht mag die junge Generation nichts mehr hören; sie hat die Nase voll davon, mit diesen Emblemen identifiziert zu werden. Sie orientiert sich lieber an den Bildern Nordamerikas, wie alle Welt sonst auch. Nicht besser und nicht schlechter.

Ein Effekt davon wiederum ist, daß Patagonien genauso geblieben ist wie es war. Die am städtischen Leben interessierte Gesellschaft hat einerseits begonnen, den Süden zu vergessen. Während der Militärdiktatur von 1976 bis 1983 wurden unter Galtieri und Videla Straflager für politische Gefangene in Patagonien einge-

Oben: Das riesige Abflußtal des Perito-Moreno-Gletschers.

Unten: Der Onelli-Gletscher.

Mit der für Gletscherverschiebungen enormen Geschwindigkeit von etwa einem Meter täglich schieben sich die unendlichen Eismassen in den See, wo sich die unaufhaltsam wandernde Eismauer in Steilabbrüche und gigantische, laut tosend ins Meer stürzende Eislawinen und Gletscherbrocken auflöst.

Eine Landschaft wie aus Glas – abweisend und unendlich faszinierend zugleich in ihrer Einheit von Wasser, Eis und Stein. In der Onelli-Lagune.

Die zerklüftete Spitze eines Eisbergs, gleich einer zierlichen, zart bläulich erleuchteten Skulptur vor den düsteren Uferbergen des Lago Argentino.

richtet, später sollte es ein Friedhof für den Abfall der Zivilisation werden, die Müllkippe nicht nur dieser Nation. Aus der Absicht ist nichts geworden.

Andererseits ist die Bedeutung Patagoniens erneut akzentuiert worden, als der erste Präsident nach der dunklen Militärdiktatur, Raúl Alfonsín von der *Union Cívica Radical*, versuchte, im rionegrinischen Viedma die neue Hauptstadt Argentiniens zu etablieren. Das Projekt mußte noch vor Beendigung seiner Amtszeit als gescheitert aufgegeben werden, was nicht nur mangelnde Finanzressourcen zu verantworten hatten. Um die Hauptstadt zu verlegen, braucht es mehr als kräftige Kräne. Der Glanz, der die Metropole Buenos Aires wie eine Aureole einhüllt, läßt sich nicht in die rauhen steinigen Wüsten verfrachten. Und noch dazu in ein solch harmloses stilles Kleinstädtchen wie Viedma, dessen Hauptattraktion die Eissalons an der Uferpromenade des Río Negro sind und man immer denkt, es sei ein schläfriger Sonntag.

Doch dieses Beispiel illustriert, daß Patagonien nicht aufgehört hat, Projektionsfläche für die Argentinier zu sein. Hier wollte Alfonsín (s)einen politischen Neubeginn in Szene setzen, nicht in den nördlichen Provinzen. Damit wäre Patagonien auch in wirtschaftlicher Hinsicht gestärkt worden.

Der Süden, *el sur*, hat von seiner mythischen Faszination eigentlich nichts eingebüßt. Nach den Weltumseglern, den Abenteurern und den europäischen Emigranten haben ihn die Intellektuellen des Landes entdeckt. «Sur» nannten Victoria Ocampo und der Schriftsteller Jorge Luis Borges ihre berühmte kulturpolitische Zeitschrift, die heute noch erscheint. «Sur» hieß einer der Filme des in Europa bekanntesten argentinischen Regisseurs, Fernando Solanas: Der aus einem Straflager im patagonischen Niemandsland zurückgekehrte Held benutzt den Süden als Chiffre für politische und persönliche Freiheit. «Sera posible el sur», vielleicht wird der Süden möglich, betitelte die argentinische Sängerin Mercedes Sosa einen Dokumentarfilm über ihre erste Tournee nach dem Zusammenbrechen der Diktatur. In El Bolsón zwischen Esquel und Bariloche haben sich in den späten sechziger Jahren die ersten Wohnkommunen zusammengeschlossen, um gemeinsam das alternative Leben auszuprobieren.

El sur, Patagonien, das ist immer noch ein leeres Blatt Papier, das jeden, Bewohner wie Besucher, auffordert, hier seine Geschichte hineinzuschreiben, seine Spur zu hinterlassen. Undomestiziert, eine Oase der Einsamkeit, in der die verrücktesten Erfahrungen ihren Platz haben: immer noch ein Traum.

Die zerklüfteten Abbruchkanten des Perito-Moreno-Gletschers, dessen Eismassen hier unter lautem Tosen und Krachen in zahllose Brocken, Türme und Schollen zerbersten, bevor sie in die eisigen Fluten stürzen, langsam davontreiben und sich allmählich auflösen.

Blick vom Tafelberg Mesa Colorado im Monumento Natural Bosques Petrificados über eine wahrhaft mondähnliche Landschaft.

Die Bosques Petrificados, eine wüstenhafte Erosionslandschaft, durchsetzt mit zahllosen Fragmenten vor Urzeiten versteinerter Wälder.

INHALT

Wie ein Gebirge aus Eis: Der Upsala-Gletscher, den man bei einer Fahrt über den Lago Argentino aus unmittelbarer Nähe betrachten kann.

ALLGEMEINE INFORMATIONEN

LAGE UND GRÖSSE. Patagonien ist der südlichste Teil von Südamerika südlich des Río Colorado und liegt zwischen dem 42. und 56. Grad südlicher Breite. Patagonien wird in zwei durch die Anden voneinander getrennte Großlandschaften unterteilt. Es besteht aus Westpatagonien, das überwiegend zu Chile gehört, und dem größtenteils zu Argentinien gehörenden Ostpatagonien. In der Regel wird auch das südlich der Magellanstraße gelegene Feuerland zu Patagonien gerechnet. Im Osten bildet der Atlantische, im Westen der Pazifischen Ozean die Grenze. Der Beagle-Kanal durchfließt Feuerland im Süden und trennt die Isla Grande Tierra del Fuego von den südlichen Inseln Navarino, Hoste, Lennox, Nueva und Kap Hoorn ab. Auf argentinischer Seite besteht Patagonien aus den Provinzen Neuquén, Río Negro, Chubut und Santa Cruz; in Chile sind dies die Zonen 11, 13 und 14, der sogenannte »Große Süden«. Der Südzipfel des chilenischen Festlandes und Feuerland werden in der Provinz Magallanes mit Punta Arenas als Provinzhauptstadt zusammengefaßt.

Das argentinische Patagonien umfaßt die Landmenge von 765 720 Quadratkilometer, wobei die südlichste Provinz Santa Cruz mit 243 943 Quadratkilometer den ersten Rang belegt; sie ist die zweitgrößte in ganz Argentinien.

An der Landmenge Feuerlands hat Chile deutlich mehr Anteil: Tierra del Fuego weist 29 485 Quadratkilometer auf, die argentinischen Departements Río Grande und Ushuaia haben 11 881 und 9017 Quadratkilometer. Dafür geht es auf argentinischer Seite abwechslungsreicher zu, was die Landschaftsformationen betrifft. Im Norden herrschen weite Steppen vor, die auch den überwiegenden chilenischen Landteil bestimmen; in der Mitte liegen die von Wäldern und Hochtälern umgebenen Seen Escondido und Fagnano, im Süden schließt sich eine Kordilleren- und Waldregion an. Mit der Darwin-Kordillere hat das chilenische Feuerland die höchsten und schönsten Erhebungen (Monte Darwin: 2488 m) vorzuweisen.

Das argentinische Patagonien wird von einem trockenen, windigen Schichtstufenland, den *mesetas*, bestimmt. Chile ist auf demselben Längengrad mit dichten Wäldern, Vulkanen, Gletschern und zahlreichen Seen bedeckt. Ein Saum aus Wald

PATAGONIEN
100 km
P. N. = Nationalpark
Concepción
Parral
Chillán
Temuco
Villarrica
Valdivia
Osorno
Puerto Octay
Puerto Varas
Puerto Montt
Ancud
ISLA GRANDE DE CHILOÉ
Quéllon
Chaitén
Futaleufú
Esquel
Trevelín
Carretera Austral
Puerto Puyuhuapi
P. N. QUEULAT
ISLA MAGDALENA
Puerto Aisén
Puerto Chacabuco
Coyhaique
Balmaceda
Puerto Ibáñez
Chile Chico
Puerto Bertrand
Cochrane
CHILE
Caleta Tortel
Puerto Yungay
Villa O'Higgins
Campo de Hielo Norte
Campo de Hielo Sur
Co. Fitz Roy 3375 m
El Calafate
Puerto Natales
Punta Arenas
Porvenir
Río Grande
Ushuaia
Puerto Williams
Cabo Hornos (Kap Hoorn)
ARGENTINIEN
NEUQUÉN
LA PAMPA
RÍO NEGRO
CHUBUT
SANTA CRUZ
Neuquén
Zapala
Bahía Blanca
Mar del Plata
Miramar
Necochea
Santa Rosa
Río Colorado
Viedma
Carmen de Patagones
San Antonio
Puerto Madryn
PENÍNSULA VALDÉS
Trelew
Rawson
Gaiman
Punta Tombo
Camarones
Comodoro Rivadavia
Golfo San Jorge
Caleta Olivia
Puerto Deseado
Puerto San Julián
Puerto Santa Cruz
Bahía Grande
Río Gallegos
Cabo Virgenes
Estrecho de Magallanes
ATLANTISCHER OZEAN
FALKLAND ISLANDS
Stanley
San Carlos de Bariloche
San Martín de los Andes
Junín de los Andes
P. N. NAHUEL HUAPI
P. N. LOS GLACIARES
P. N. TORRES DEL PAINE
Glaciar Perito Moreno
TIERRA DEL FUEGO
Anden
RN-40
RN-3
VENEZUELA
GUYANA
SURINAM
FRANZ. GUAYANA
KOLUMBIEN
ECUADOR
PERU
BRASILIEN
BOLIVIEN
PARAGUAY
CHILE
URUGUAY
ARGENTINIEN
PAZIFISCHER OZEAN
ATLANTISCHER OZEAN
PATAGONIEN

und Seen zieht sich die argentinischen Anden entlang.

BEVÖLKERUNG. Patagonien gehört zur bevölkerungsärmsten Region Südamerikas. Im Durchschnitt leben knapp 20 Menschen pro Quadratkilometer, im chilenischen «Großen Süden» sind es weniger als 10; für Santa Cruz, die südlichste Provinz des argentinischen Patagonien, sowie für Feuerland verzeichnet die Statistik sogar weniger als 1 Einwohner pro Quadratki-

Ein robustes Fahrzeug: Der Bus des Parkwächters im Bosques-Petrificados-Naturpark.

lometer. Einzig die argentinische Provinz Neuquén weist aufgrund ihrer fruchtbaren Böden eine dichtere Bevölkerung auf.
Die indianischen Völker in Patagonien und Feuerland wurden von den spanischen Konquistadoren erbittert verfolgt; doch erst die späteren argentinischen und chilenischen Nationalarmeen zwangen sie in sogenannte Reduktionen und vernichteten sie. Besonders dramatisch verlief dieser Prozess auf Feuerland: Innerhalb von 70 ΩJahren starben 90 Prozent der Ona, Yamana und Alakalufes durch brutalen Mord oder an Epidemien, welche die Goldgräber eingeschleppt hatten. Einzig die chilenischen Mapuche (Araukaner), konnten diesem Morden entgehen. Heute wird ihre Zahl auf eine halbe Million geschätzt. Sie haben Netzwerke gegründet und das Internet für ihre Zwecke nutzen gelernt. Bis zum heutigen Tag kämpfen sie um ihr geraubtes Land.

WIRTSCHAFT. Die bedeutendsten Wirtschaftszweige Patagoniens bilden die Schafzucht, das Erdöl, der Abbau fossiler Brennstoffe und – zunehmend – der Tourismus.

AUSKUNFT/ EINREISEBESTIMMUNGEN

Eine Vielzahl touristischer Informationen findet man auf der Internetseite www.interpatagonia.com (in englischer und spanischer Sprache). Für einen Aufenthalt bis zu 90 Tagen genügt für Mitglieder der EU-Länder ein Reisepaß, der noch sechs Monate gültig ist. Siehe auch die entsprechenden Abschnitte in den Teilen «Chile» bzw. «Argentinien».

KLIMA UND REISEZEIT

Klimatisch ist Patagonien das einzige größere kühl-gemäßigte Landgebiet auf der Südhalbkugel der Erde. Entsprechend seiner Lage in einer ausgedehnten, von Nordwesten bis nach Ostpatagonien reichenden Trockenzone hat der argentinische Teil ein arides bis semiarides Klima, das heißt, im Ablauf eines Jahres ist die Verdunstung größer ist als der Niederschlag bzw. dieser nur über wenige Monate größer als die Verdunstung. Die Niederschlagsmengen liegen unter 500 Millimeter jährlich. Mitverantwortlich dafür ist außerdem der *pampero* aus dem Südwesten, ein starker, trockener Wind, der polare und subpolare Luft nach Norden führt und heftige Temperaturstürze bewirken kann. Am Andensaum und im chilenischen Teil Patagoniens, bedingt durch zahlreiche Seen und üppigere Vegetation, herrscht ein wesentlich feuchteres Klima. In den Anden fällt das gesamte Jahr über reichlich Regen, der nur im Südsommer nachläßt.
Winter herrscht im Juli und August, die wärmsten Monate sind Dezember, Januar und Februar. Dezember bis Mitte April gelten als die beste Reisezeit. Das Thermometer kann im Sommer tief im Süden sogar bis über 20 Grad springen – was aber eher selten vorkommt – und die Nächte sind dann am kürzesten. Rechnen sollte man mit 15 Grad Tagestemperatur und 8 Grad Nachttemperatur.

GESUNDHEIT

Siehe S. 53 und S. 115

ANREISE

Mit dem Flugzeug über Santiago der Chile oder über Buenos Aires, z.B. mit Aerolineas Argentinas, Lan Chile, oder den europäischen Fluglinien Lufthansa, British Airways, Iberia, Alitalia, Air France und

In der Nähe des Wasserfalls Cascada Los Alerces südlich von Bariloche.

Zu den am schönsten gelegenen Hotels Patagoniens gehört das Llao Nahuel Huapí vor der großartigen Kulisse der Anden.

KLM. Von Santiago aus oder vom argentinischen Inlandsflughafen Jorge Newberry im Stadtteil Palermo in Buenos Aires können dann die nächsten Stationen angesteuert werden.

UNTERWEGS IN PATAGONIEN

MIT DEM FLUGZEUG: Die großen Entfernungen lassen sich am leichtesten mit dem Flugzeug überbrücken, und die Orte sind gut vernetzt. Über Flughäfen oder Airstrips verfügen Puerto Madryn, Comodoro Rivadavia, Río Gallegos, El Calafate, Esquel, San Carlos de Bariloche, Puerto Deseado, Gobernador Gregores, Perito Moreno, El Maitén, Río Grande, Ushuaia, Puerto Montt, Chaitén, Coyhaique, Chile Chico, Puerto Ibáñez, Punta Arenas, Porvenir und Puerto Williams.
Am häufigsten kreuzt LADE mit kleinen Fokkermaschinen den patagonischen Himmel; die anderen Fluggesellschaften sind Austral, Southern Winds und DAP, Lan Chile, Aero Sur, Aerocontinente und Aeromet. In der Hochsaison ist eine Vorausbuchung ratsam. Informationen für Argentinien siehe unter: www.aerolineasargentinas.com, und für Chile unter: www.lanchile.com sowie www.aeroviasdap.cl.

MIT DEM BUS: In Feuerland und in Patagonien sind die Strecken lang, sodaß es sich lohnt, etwas mehr Geld für einen bequemen Sitzplatz auszugeben. Es gibt Luxusklassen mit Fernsehern und Bordservice. Für Nachtfahrten werden ausziehbare Sitze angeboten. Es sind aber auch viele preiswerte Busse unterwegs; Nebenstrecken in unwegsame Gebiete werden nicht oft befahren. Die Busse sind allgemein in einem guten Zustand.

MIT DEM AUTO: Autovermietungen in Argentinien gibt es in San Carlos de Bariloche, El Calafate, Puerto Madryn, Río Gallegos, Trelew und Ushuaia. In Chile: Coyhaique, Puerto Montt, Puerto Natales und Punta Arenas. Viele Straßen in Patagonien sind geschottert und die Tankmöglichkeiten selten. Einzelheiten siehe auch S. 54 und S. 115.

ÜBERNACHTEN

In Patagonien kann man auf einige (nicht gerade billige) Traumhotels stoßen, wie das «Termas de Puyuhuapí» an der Carretera Austral oder das ehrwürdige «Llao-Llao» in Bariloche. Zur Hochsaison Ende Dezember bis Ende Februar empfiehlt sich eine Vorausbuchung in den bekannten und bei Nationalparks gelegenen Orten wie Puerto Natales, Ushuaia, Bariloche und El Calafate. Auch die preisgünstigen *hosterías* im Parque Nacional Torres del Paine sind dann rasch belegt. Siehe auch die entsprechenden Abschnitte in den Teilen «Chile» und «Argentinien».

ESSEN UND TRINKEN

Vegetarier haben in Patagonien noch schlechtere Karten als im Rest von Chile bzw. Argentinien (sieht man von Salatbars und fleischlosen Pizzas ab): Eine gut gefüllte Fleischplatte stellt Patagonier am ehesten zufrieden, als Beilage gibt es Kartoffeln, Mais, weiße Bohnen, Tomaten,

Junin de los Andes, ein beliebter Ausgangsort für Touren in die umliegenden Berge.

Zwiebeln, kaum Gemüse. Gewürzt wird herzhaft mit Kümmel, Knoblauch, Kräutern und Chili. Die Qualität des Fleisches ist ausgesprochen gut. Ein Grillfest sollte man sich daher nach Möglichkeit nicht entgehen lassen. Eine gute Gelegenheit, kulinarische Kleinigkeiten zu genießen, sind die *fiambrerías*, Delikateßgeschäfte, in denen man Snacks und kleine Speisen wie *matambre*, eine gefüllte Kalbfleischroulade, erstehen kann. In Patagonien findet man sie zum Beispiel in Esquel und Bariloche. Siehe auch die entsprechenden Abschnitte in den Teilen «Chile» und «Argentinien».

EINKAUFEN/SOUVENIRS

Einkaufsparadiese stehen in Patagonien nicht zur Verfügung, auch Supermärkte gibt es kaum, statt dessen eher kleine bzw. Einzelhandelsgeschäfte. Río Gallegos hat sich einen Ruf für seine Lederwahren erworben, doch sollte man vor dem Kauf die Qualität gründlich unter die Lupe nehmen. Wer sich für Kunstgewerbe interessiert, wird in Puerto Montt, in Coyhaique und in Ushuaia fündig. In Puerto Montt kann man die typischen Strickwaren von der Insel Chiloé erstehen. Bariloche als «Schweiz Argentiniens» produziert ausgezeichnete Schokolade. Ein originelles Mitbringsel ist ein Mate-Gefäß mit einer *bombilla.*

FOTOTIPS

Aus der staubfreien Luft Patagoniens resultiert ein klares und zur Mittagszeit sehr hartes Licht. Die beste Tageszeit zum Fotografieren ist deshalb im Sommer morgens von 6 bis 8 Uhr oder abends etwa zwei Stunden vor bis eine Stunde nach-Sonnenuntergang. Der oft heftige Wind erfordert eine sehr ruhige Hand oder ein wirklich stabiles Stativ.

Die unendliche Weite der Landschaft fängt man am besten mit einem Weitwinkelobjektiv ein. Wolkenformationen, Windräder, Schuppen und Zäune bilden Fixpunkte.

See-Elefanten und Seelöwen fotografiert man mit viel Geduld, langsamem Anpirschen und Respekt vor der Privatsphäre der Tiere (sowie vor den Anweisungen der Wildhüter). Vom Weitwinkel, in das mancher Pinguin förmlich hineinkriecht, bis zum 200-mm-Teleobjektiv für «Porträts» sind alle Brennweiten möglich.

Der gleißenden Helle der Eisberge begegnet man mit leicher Überbelichtung. Bei hohem Sonnenstand braucht man einen UV- oder Skylight-Filter, doch erst bei niedrigem Sonnenstand oder kurz nach einem Regenschauer kannn man die herrlichen Farben und Lichtstimmungen einfangen.

SPORTAKTIVITÄTEN

ANGELN. Die Carretera Austral ist ein Paradies für Fliegenfischer geworden. Informationen erhält man in den Fremdenverkehrsämtern vor Ort. In der weit verzweigten Seenlandschaft in den Nationalparks Nahuel Huapí und Los Alerces und auch im Parque Nacional Torres del Paine darf nur mit behördlicher Genehmigung gefischt werden. Die Angelsaison reicht von November bis März.

REITEN. Immer mehr Estancias im Süden Patagoniens bieten Ausflüge zu Pferde an. Auch als Anfänger kann man an kurzen Ausritten über flaches Gelände teilnehmen. Bei anspruchsvolleren Touren sollte man allerdings schon ein guter, mit Pferden und mit Ausritten in rauherem Gelände vertrauter Reiter sein.

WASSERSPORT. Rafting und Kajakfahren auf chilenischen Flüssen und in den Meeresfjorden an der Carretera Austral befriedigen auch anspruchsvolle Sportler. In Puerto Varas und in Futaleufú gibt es entsprechende Veranstalter.

WINTERSPORT. Das gut erschlossene Skigebiet bei San Carlos de Bariloche konzentriert sich um den Cerro Catedral. Bei Esquel ist das Skizentrum «La Hoya» entstanden. Exklusiv: an den Hängen eines erloschenen Vulkans Ski laufen. Das geht in Antillanca im Parque Nacional Puyehue in Chile. Dort gibt es auch ein angenehmes Hotel.

WANDERN. Gut markierte Wege findet man nur in den Nationalparks, besonders schön im PN Torres del Paine und in der Tierra del Fuego. Der in einem fruchtbaren weiten Tal gelegene Ort El Bolsón in der Provinz Rio Negro hat sich zu einem

Ausläufer des Perino-Moreno-Gletschers auf dem Largo Argentino.

Vor Austrocknung aufgeplatzter Boden in einem weiten Tal der Hochebene bei Colonia Sarmiento.

Wanderzentrum entwickelt, und hier kann man auch an geführten Touren teilnehmen. Im Nationalpark Los Glaciares in der Provinz Santa Cruz lassen sich faszinierende mehrtägige Ausflüge in die Gletscherwelt der Anden organisieren. Die Landschaft um den malerischen Cerro Fitz Roy im nördlichen Abschnitt des Parks läßt sich gleichfalls erwandern, die dort gelegene Parkverwaltung vermietet Pferde. Unterkunft gewährt eine Hostería.

BADEN. In der nördlichen Provinz Río Negro gibt es einige hübsche Sandstrände, der am südlichsten gelegene Badeort ist Rada Tilly bei Comodoro Rivadavia.

KLEINES GLOSSAR DER TIERWELT

GUANAKO. Die zierliche Schwester des Lamas ist das in den patagonischen Anden lebende Guanako, das eine Höhe von 1,10 Meter erreicht und mit einem löwenfarbigen Haarkleid bedeckt ist. Die Hinterläufe, der Bauch und der Hals sind heller getönt. Die schwer zu zähmenden, scheuen Tiere verstecken sich in den Weiten Patagoniens, und an sehr entlegenen Orten kann man ihnen eventuell begegnen.

HUEMUL. Der Huemul ist ein in den Höhen der Anden lebender amerikanischer Hirsch, den man sehr selten und nur in den Tälern Patagoniens erblickt. Die robusten Männchen haben ein Geweih mit jeweils zwei Spitzen.

KONDOR. Der König der südamerikanischen Lüfte hat mindestens so zahlreiche Legenden entfacht wie der europäische Adler. Der aasfressende «Neuweltgeier» erreicht eine Flügelspanne von 3,6 Meter und ein Gewicht von 11 Kilogramm. Die andine Bergregion bietet ihm Heimat, und er läßt sich bei seinen stundenlangen Segelflügen recht selten blicken.

MAGELLANPINGUIN. Als Thomas Cavendish 1586 die Küsten Patagoniens entlangsegelte, bekam das Tier seinen Namen von einem walisischen Seemann verpaßt: *Pengwyn* bedeutet «weißer Kopf». Die monogamen Tiere mit ihrer charakteristischen Zeichnung kann man in Punta Tombo am besten besehen. Zu bestimmten Zeiten halten sich fünf Millionen Vögel dort im Steilküstenstreifen mit seinen Mulden und Nischen auf. Da sie nicht besonders scheu

Kondor über dem Lago Argentino.

sind, lassen sich die angelegten Wege getrost begehen. Die Magellanpinguine zeigen ein ausgeprägtes Paarverhalten: Das sich zugeneigte Paar tanzt mit aufeinandergelegten Flügeln, die Brutzeit wird von beiden partnerschaftlich ausgerichtet, es gibt richtige «Kindergärten», in denen einige Erwachsene den Nachwuchs bewachen. In den «Schulen» bringt man ihnen das Schwimmen und den Fischfang bei.

Errichtung ihres Harems, der im Normalfall von sechs Weibchen gebildet wird. Die Jungtiere schlüpfen im Frühjahr. Die Vögel sind scheu, am ehesten wird man sie im tiefsten Patagonien, beispielsweise am Lago Viedma, finden.

PAMPAHASE (MARA). Im zentralen Argentinien und in Patagonien ist der Mara beheimatet. Der Pampahase wird etwa 70 Zentimeter groß und erreicht ein Gewicht von 15 Kilogramm. Die zierlichen Tiere sind stark bedroht; die Jagd hat die Bestände drastisch dezimiert, die Ausbreitung von Vieh- und Weidewirtschaft schränkt ihre natürlichen Lebensräume empfindlich ein. Auch ist ihnen vor 500 Jahren ein scharfer Konkurrent ins Land geschmuggelt worden: der von den Spaniern eingeführte europäische Hase.

PUMA. Menschen attackiert er in der Regel nicht, der amerikanische Löwe, doch die Schaf- und Ziegenherden sind ihm ein willkommenes Angriffsziel, und so haben die heftigen Jagdfeldzüge ihn, der ehemals gesamt Amerika bevölkerte, in gebirgige oder wüstenhafte Landstriche verbannt. Besonders die Weibchen sind extrem aggressiv und gefährlich, solange sie ihre Jungen aufziehen. Schlau und agil, mit einem hervor-

Tierparadies Patagonien: Pinguinkolonie an der Punta Tombo.

NANDÚ. Der Straußenvogel mit dem Guaraní-Namen Nandú lebt auf dem gesamten argentinischen Territorium, und viele Indianersprachen haben eine Bezeichnung für ihn, so heißt er in Mapuche *Choique*, in Quechua *Suri* und *Oóiu* in Tehuelche. Er ist den afrikanischen Straußen, den Kiwi und den Emus verwandt. Im Winter kämpfen die Männchen untereinander um die

ragenden Geruchssinn und einem ausgezeichneten Gehör ausgestattet, sind sie Einzelgänger und Nachttiere.

PUDU. Von diesem Zwerghirschen gibt es nur zwei Arten: Der Pudu Pudu lebt in Patagonien, der Pudu Mephistopheles in Ecuador und in Kolumbien. Mit seiner Größe von 40 Zentimeter und einem Gewicht von

Die Halbinsel Valdés: Wärterstation (oben), bei Puerto Pirámides (Mitte), Wale (unten).

höchstens zehn Kilogramm ist er der kleinste Hirsch, den es gibt. Er lebt im dichten Unterholz, nicht oberhalb von 1000 Meter, und ernährt sich von zarten Blättern, Wildrosen, Brombeeren und Knospen. Der Lebensraum dieses zierlichen Tieres wird leider durch Wilderer und Waldzerstörung sehr stark bedroht.
Auf der Isla Victoria im Lago Nahuel Huapí befindet sich eine kleine Zuchtstation für Jungtiere dieser Zwerghirscharten.

SCHWARZHALSSCHWAN. *El Cisne de Cuello Negro* ist in Südamerika beheimatet, im Sommer wird man ihn von der Provinz Buenos Aires bis nach Feuerland antreffen, während er im Winter ins Landesinnere und in die wärmeren Gefilde des Nordens flüchtet. Seinen natürlichen Lebensraum bilden Sümpfe und Lagunen, in denen er sich von Pflanzen und Insekten, von Mollusken und Krustentieren ernährt. Die graziösen Schwarzhalsschwäne pflegen nicht in Schwärmen zu fliegen, lediglich bei ihrer Migration in den Norden kann man sie in einer Dreiecksformation gleiten sehen.

SEE-ELEFANT. Der letzte kontinentale Stützpunkt der See-Elefanten befindet sich auf der patagonischen Halbinsel Valdés, alle weiteren Kolonien liegen auf entfernten Inseln im Südatlantik, im Indischen und im Pazifischen Ozean. Die bis zu vier Tonnen schweren Männchen bilden zu Beginn des Winters quasi die Vorhut vor der Ankunft ihrer schwangeren Weibchen, die hier ihren Nachwuchs gebären. Während der Dauer des Aufenthaltes sind die Weibchen von männlichen Junggesellen bedroht, die sich mit den etablierten »Sultans« aggressive Kämpfe liefern und deren Neugeborene entführen. Einmal pro Jahr kommt es bei den See-Elefanten zu einem Haarwechsel, und in dieser Periode bleiben sie an Land. Um sich vor den austrocknenden Strahlen der Sonne zu schützen, bewerfen sie sich gegenseitig mit feuchtem Sand.

SEELÖWE. Die Seelöwen wird man an der gesamten Atlantikküste antreffen. Die gutmütigen und menschenfreundlichen Tiere sind immer wieder gejagt und getötet worden; daher hat die Caleta Oliva in der Provinz Santa Cruz ihren traurigen Ruf als Robbenschlachtplatz. Seelöwen kann man in mehreren Kolonien bestaunen, die bekanntesten liegen an den Küsten der Halbinsel Valdés.

WAL. Pünktlich zum Winterende taucht der *Ballena Franca Austral* vor den Küsten Patagoniens auf; berühmt ist die Paarung dieser Tiere vor der Halbinsel Valdés. Ein Jahr dauert die Tragezeit; und zwischen August und September werden die Jungen geboren. Die Weibchen überwachen den Nachwuchs gemeinschaftlich ein weiteres Jahr. Der Wal liebt die Gesellschaft der Seelöwen und der Delphine, zu seinen natürlichen Feinden zählt der *Orca*, der »Killerwal«, der dem plumpen Nachwuchs nachstellt und ihn vernichtet.
TIERBEOBACHTUNG. Verschiedene Veranstalter bieten Exkursionen an, auf denen man die Tiere in freier Wildbahn beobachten kann. Das Angebot reicht von Whale-Watching bis zu Wanderungen zu Pinguin- und See-Elefantenkolonien. Die Leiter der Exkursionen achten streng darauf, daß die Tiere nicht gestört werden. Zu empfehlen: das Whalewatch Patagonia Project (Pico Sport Lda.), www.patagoniaproject.net

Die einsamen Weiten Patagoniens mit ihren großartigen, oft auch abweisenden und fremdartigen Naturformationen gelten vielen westlichen Reisenden als Inbegriff unberührter Urlandschaft und extremer Abgeschiedenheit.

Das bei der Versteinerung von Holz (durch Einlagerung von Kieselsäure und folgender Silikatbildung) entstehende Gestein erreicht eine fast glasartige Konsistenz und Härte, so daß diese Versteinerungen im Lauf der Zeit aus ihrem abgewitterten, weicheren Untergrund als markante Formationen hervorragen. Im Bild die erosionszernagten, holzidentischen Strukturen eines versteinerten Baumstammes.

Blick vom Hotel Llao Llao über den Lago Nahuel Huapí mit seinen schilfdurchsetzten Ufern.

Der Gletschersee Lago Nahuel Huapí im abendlichen Dämmerlicht vor den schneebedeckten Andengipfeln.

Bildnachweis:
Chile:
Udo Bernhart, Langen, S. 30 u., 31, 56/57, 57 u., 64;
Joe Klausner, Rosenheim, S. 14 u. und o.;
Hubert Stadler, Fürstenfeldbruck, S. 69 o.;
Martin Thomas, Aachen, S. 34 (3), 335, 48/49 o., 50 u., 58 l. u.;
Horst Welker, Filderstadt, S. 57 o.;
alle anderen: Guido Cozzi.
Argentinien:
Giulio Andreini, Siena, S. 113 o. r.;
Archivo General de las Nacíon, Buenos Aires, S. 88 l. o.;
Archiv C.J. Bucher Verlag, München, S. 88 M. (2);
alle anderen: Hubert Stadler.
Patagonien:
Giulio Andreini, Siena, S. 186 M.;
Susanne Asal, Frankfurt a. Main, S. 156 (2);
Museo Histórico Regional de Gaiman, S. 161 (3)
alle anderen: Hubert Stadler.

Karten: Astrid Fischer-Leitl, München

Impressum

Gesamtredaktion dieser Ausgabe: Dr. Birgit Kneip
Konzeption der Originalausgaben: Axel Schenck
Lektorat: Georg Hohenester, Cornelia Greiner; Marion Ehrlich, Susanne Kronester; Rebekka Göpfert
Bildkonzeption: Joachim Hellmuth, Susanne Böttcher
Grafische Gestaltung: Frank Duffek, Werner Poll; Angela Drees, Barbara Markwitz
Umschlaggestaltung: Jürgen Kiermeier, München, unter Verwendung von Bilder von Guido Cozzi und Hubert Stadler
Repro: Repro Ludwig, A-Zell am See; Lanarepro, I-Lana; Fotosatz Ressemann, Hochstadt
Herstellung: Gabriele Kutscha, München
Printed by MKT Print, Slovenia

Die Deutsche Bibliothek – CIP-Einheitsaufnahme
Ein Titeldatensatz für diese Publikation ist bei der Deutschen Bibliothek erhältlich.

ISBN 3-86517-055-2